스페인어 문법

Gramática Española

HU:iNE

머리말

외국어 문법 공부는 고난의 연속이다. 우리말과 구조가 다른 언어를 후천적으로 배운다는 것은 여간 어렵고 고된 일이 아니다. 외워야할 것도 많고 각 항목 별로 비슷하면서도 다른 것들이 많아 하나씩 비교해가며 익혀야 하기 때문이다. 문법을 통달했다고 해서 언어 구사의 유창성이 보장되는 것도 아니다. 이를 토대로 언어 구사력을 또 연습해야 하기 때문이다. 이런 이유로 언어 교육에서 문법을 등한히 하는 경향도 있는 것이 사실이다. 그러나 문법이란 언어 교육에서 가장 중요한 뼈대 역할을 하는 것이므로 반드시 거쳐야 하는 필수 교육 과정이다. 문법이 뒷받침되지 않는다면, 간단한 몇 마디 말은 익힐 수 있어도, 고급 수준의 올바른 스페인어를 익히는 것이 불가능하게 된다. 일시적으로 임기응변식의 말은 어느 정도 할 수 있어도 장기적으로 보면 크게 뻗어나가기는 어렵게 되는 것이다. 따라서 언어 교육에서는 가장 중점을 두어야 하는 것이 문법인 것이다.

이 책에서 지향하는 바가 문법 교육을 주입식, 암기식으로만 행하고자 하는 것은 결코 아니다. 의사소통이라는 개념과 긴밀한 관계 하에서 가급적 실생활에서 유용하게 사용할 수 있는 예문들을 중심으로 항목들을 전개해 나간다. 문법 교육과 유창성의 개념이 별개가 아닌, 양립할 수 있는 개념임을 드러내 보일 것이다. 이것이 본 개정판의 주안점이다. 또한 학습자의 눈높이에 맞춰 문법 교육의 수월성을 강조하고자 했다. 꼭 필요한 교육이지만 자칫 어렵고 딱딱하게만 느껴질 수 있는 문법을 어떻게 하면 쉽고 흥미있게 접근할 수 있을까를 고민했다. 그 흔적은 새롭게 구성한 설명과 예문

등 본 개정판 곳곳에서 발견될 것이다.

본 개정판을 내면서 역점을 둔 또 다른 사항은 연습문제를 새롭게 재구성한 것이다. 이전 교재의 장점은 최대한 살리고 미비점으로 지적되어 왔던 부분은 보완해 각 과에서 학습한 내용을 가장 유효적절하게 자가 평가할 수 있는 시스템으로 재구성했다. 초보 학습자들은 본 개정판에서 유도하고 있는 학습 방향을 잘 따라가다 보면 자신도 모르는 사이에 스페인어 실력이 부쩍 늘어 있는 것을 발견하게 될 것이다.

본 개정판을 내면서 주로 참고한 문헌은 아래와 같다.

Real Academia Española (1991), *Esbozo de la nueva gramática de la lengua española,* Madrid: Espasa Calpe.

Real Academia Española (1999), *Gramática descriptiva de la lengua española*, (3 vols.), Madrid: Espasa Calpe.

Real Academia Española y Asociación Academias de la lengua española (2005), *Diccionario panhispánico de dudas*, Madrid: Santillana.

Real Academia Española y Asociación de Academias Americanas (2009), *Nueva gramática de la lengua española*, (2 vols.), Madrid: Espasa Calpe.

본 개정판이 여러분의 스페인어 문법 공부에서 큰 보탬이 되기를 기대한다. 본 개정판을 내기 위해 많은 조언과 교정, 감수의 노고를 아끼지 않으신 한국외국어대학교 스페인어통번역학과의 문법 교수님들과 출판에 많은 도움을 주신 한국외국어대학교 지식출판원 관계자들께 깊이 감사드린다.

2016년 8월

저자 일동

차 례

1 과

1.1. 철자와 발음 ‖ 2

- 1.1.1. 철자 2
- 1.1.2. 발음 3

1.2. 음절과 강세의 위치 ‖ 10

- 1.2.1. 음절 분해 10
- 1.2.2. 강세 규칙 11

1.3. 관사와 명사의 성 · 수 ‖ 13

- 1.3.1. 정관사와 부정관사 13
- 1.3.2. 명사의 성 13
- 1.3.3. 명사의 수 15

1.4. 명사와 형용사의 성 · 수 일치 ‖ 17

연습문제 • 19

2 과

2.1. 인칭대명사 1: 주격과 소유격 전치형 ‖ 24

2.2. ser와 estar의 직설법 현재 ‖ 24

2.3. 규칙 동사의 직설법 현재 ‖ 27

2.4. 지시 형용사 ‖ 28

연습문제 • 30

3 과

3.1. 불규칙 동사들의 직설법 현재 1 ‖ 34

3.2. 의미가 유사한 동사들의 비교 ‖ 35

- 3.2.1. hablar와 decir 35
- 3.2.2. saber와 conocer 36

3.3. 인칭대명사 2: 직·간접 목적격과 전치격 ‖ 37

3.4. 목적대명사의 위치 1 ‖ 40

3.5. 재귀대명사 se ‖ 41

3.6. 형용사의 위치와 어미 탈락 ‖ 42

- 3.6.1. 형용사의 위치 42

3.6.2. 위치에 따라 의미가 달라지는 형용사들 ………… 43
3.6.3. 명사 앞에서 어미가 탈락되는 형용사들 ………… 43
연습문제• 45

4과

4.1. 숫자 읽기 1 ‖ 50
4.1.1. 기수 ………… 50
4.1.2. 서수 1 ………… 55
4.2. 시간 읽기 ‖ 56
4.3. 날씨 표현 ‖ 57
4.4. estar와 haber(hay) ‖ 59
연습문제• 61

5과

5.1. 의문사 ‖ 66
5.1.1. Quién ………… 66
5.1.2. Qué ………… 66
5.1.3. Cuál ………… 66
5.1.4. Cuánto ………… 67
5.1.5. Cuándo ………… 68
5.1.6. Dónde ………… 68
5.1.7. Por qué ………… 68
5.1.8. Cómo ………… 69
5.2. 계절과 월 ‖ 70
5.2.1. 계절 ………… 70
5.2.2. 월 ………… 71
5.3. 요일과 날짜 ‖ 72
5.3.1. 요일 ………… 72
5.3.2. 날짜 ………… 73
5.4. 의미상의 주어를 간접목적격으로 쓰는 동사들 ‖ 73
5.5. 접속사 y와 o의 변이 ‖ 75
연습문제• 76

6 과

6.1. 불규칙 동사들의 직설법 현재 2 ‖ 80

6.1.1. 동사 변화 ········ 80

6.1.2. 불규칙 동사들 ········ 81

6.2. 관계대명사 1: que와 quien ‖ 83

6.2.1. que ········ 83

6.2.2. quien ········ 85

6.2.3. 관계대명사의 제한적 용법과 설명적 용법 ········ 86

6.3. 주요 지명 및 국명과 그 형용사 ‖ 87

연습문제 • 89

7 과

7.1. 현재분사 ‖ 94

7.1.1. 형태 ········ 94

7.1.2. 용법 ········ 94

7.2. 과거분사 ‖ 96

7.2.1. 형태 ········ 96

7.2.2. 용법 ········ 97

7.3. 직설법 현재완료 ‖ 98

7.3.1. 형태: 「haber의 현재 + 과거분사」 ········ 98

7.3.2. 용법 ········ 98

7.4. 수동대 ‖ 100

7.4.1. 동작 수동: 「ser + 과거분사」 ········ 100

7.4.2. 상태 수동: 「estar + 과거분사」(☞ 2.2. estar의 용법) ········ 100

7.5. 비교급과 최상급 ‖ 101

7.5.1. 비교급 ········ 101

7.5.2. 최상급 ········ 103

7.6. 부사 ‖ 104

7.6.1. 본래 품사가 부사인 어휘들 ········ 104

7.6.2. 형용사 파생 부사: 「형용사의 여성형 + mente」 ········ 105

7.6.3. 기타 부사구 ········ 106

연습문제 • 108

8과

8.1. 지시대명사 ‖ 112
8.2. 중성 지시대명사 esto (eso, aquello)와 ello의 비교 ‖ 114
8.3. 인칭대명사 3: 소유격 후치형과 소유대명사 ‖ 114
8.3.1. 소유격 후치형 ……114
8.3.2. 소유대명사 ……115
8.4. 불규칙 비교급과 절대최상급 ‖ 116
8.4.1. 불규칙 비교급과 최상급 ……116
8.4.2. 절대최상급 ……118
8.5. 전치사를 동반하는 재귀동사들 ‖ 119
8.6. 대명동사 ‖ 121
8.7. todo와 cada 비교 ‖ 121
연습문제 • 123

9과

9.1. 불규칙 동사들의 직설법 현재 3 ‖ 126
9.2. 감탄문 ‖ 126
9.3. 관계부사 ‖ 128
9.3.1. cuando ……128
9.3.2. donde ……129
9.3.3. como ……129
9.4. 상호의 se ‖ 130
9.5. 중성관사 lo와 중성대명사 lo ‖ 131
9.5.1. 중성관사 lo ……131
9.5.2. 중성대명사 lo ……132
9.6. 「동사 + 명사」 관용 구문 ‖ 133
9.6.1. 「tener + 명사」 ……133
9.6.2. 「hacer + 명사」 ……134
9.6.3. 「tomar + 명사」 ……135
9.6.4. 「dar + 명사」 ……135
연습문제 • 137

10과

10.1. 직설법 단순과거 ‖ 142
10.1.1. 규칙 동사 변화 ……142

10.1.2. 용법 ……142
10.1.3. 불규칙 동사 변화와 용법 ……144
10.2. 단순과거와 현재완료 비교 ‖ 147
10.3. 직설법 직전과거 ‖ 148
10.3.1. 형태: 「haber의 단순과거 + 과거분사」 ……149
10.3.2. 용법 ……149
연습문제 • 150

11 과

11.1. 직설법 불완료과거 ‖ 154
11.1.1. 동사 변화 ……154
11.1.2. 용법 ……154
11.2. 단순과거와 불완료과거 비교 ‖ 156
11.3. 직설법 과거완료 ‖ 157
11.3.1. 형태 ……158
11.3.2. 용법 ……158
11.4. 수동의 se와 비인칭의 se ‖ 158
11.4.1. 수동의 se ……158
11.4.2. 비인칭의 se ……159
11.4.3. 수동의 se와 비인칭의 se 비교 ……160
11.5. 완전 부정어(否定語) ‖ 162
11.5.1. nada와 algo, nadie와 alguien ……162
11.5.2. ninguno와 alguno ……163
11.5.3. nunca, jamás, ni siquiera ……164
11.6. 유사 부정어(否定語) ‖ 165
11.6.1. poco와 un poco ……165
11.6.2. demasiado ……165
11.6.3. apenas ……166
연습문제 • 167

12 과

12.1. 정관사 ‖ 172
12.1.1. 정관사가 쓰이는 경우 ……172
12.1.2. 정관사가 생략되는 경우 ……174

12.2. 부정관사 ‖ 176
12.3. 정관사와 부정관사의 비교 ‖ 177
12.4. 축소사와 증대사 ‖ 178
12.4.1. 축소사 ······ 178
12.4.2. 증대사 ······ 180
연습문제 • 181

13 과

13.1. 직설법 단순미래 ‖ 186
13.1.1. 동사 변화 ······ 186
13.1.2. 용법 ······ 187
13.2. 직설법 미래완료 ‖ 188
13.2.1. 형태: 「haber의 단순미래 + 과거분사」 ······ 189
13.2.2. 용법 ······ 189
13.3. 관계대명사 2 ‖ 190
13.3.1. el que (la que, los que, las que) ······ 190
13.3.2. el cual (la cual, los cuales, las cuales) ······ 191
13.3.3. lo que와 lo cual ······ 191
13.4. 부정사 관계구문 ‖ 193
13.5. 관계형용사 ‖ 194
13.5.1. cuyo (cuya, cuyos, cuyas) ······ 194
13.5.2. cuanto (cuanta, cuantos, cuantas) ······ 195
연습문제 • 196

14 과

14.1. 직설법 가정미래 ‖ 200
14.1.1. 동사 변화 ······ 200
14.1.2. 용법 ······ 201
14.2. 직설법 가정미래완료 ‖ 204
14.2.1. 형태: 「haber의 가정미래 + 과거분사」 ······ 204
14.2.2. 용법 ······ 204
14.3. 숫자 읽기 2 ‖ 205
14.3.1. 서수 2: 11번째 이상 ······ 205
14.3.2. 사칙연산(四則演算) ······ 207
14.3.3. 분수(分數) ······ 207

14.3.4. 소수(小數) ···208
연습문제 • 210

15 과

15.1. 접속법 현재 1 ‖ 214
15.1.1. 개요 ···214
15.1.2. 동사 변화 ···214
15.1.3. 명사절 ···216
연습문제 • 223

16 과

16.1. 접속법 현재 2 ‖ 228
16.1.1. 형용사절 ···228
16.1.2. 부사절 ···229
16.2. 무의지의 se와 강조의 se ‖ 233
16.2.1. 무의지의 se ···233
16.2.2. 강조의 se ···234
연습문제 • 235

17 과

17.1. 분사 구문 ‖ 240
17.1.1. 현재분사 구문 ···240
17.1.2. 과거분사 구문 ···242
17.2. 접속사 대신 쓰이는 부정사 구문 ‖ 243
17.2.1. 「al + 부정사」 ···243
17.2.2. 「de + 부정사」 ···243
17.2.3. 「con + 부정사」 ···243
17.3. 축약 부정어(否定語) ‖ 245
17.3.1. ni ···245
17.3.2. tampoco ···246
연습문제 • 247

18 과

18.1. 명령법 ‖ 250
18.1.1. 동사 변화 ···250

18.1.2. 목적대명사의 위치 2 (☞ 3과 목적대명사의 위치 1) ······252
18.1.3. 기타 명령 표현 ······255
18.2. 주요 도시명과 형용사 ‖ 256
18.2.1. 스페인 ······256
18.2.2. 중남미 및 기타도시 ······256
연습문제 • 258

19 과

19.1. 접속법 과거 ‖ 262
19.1.1. 동사 변화 ······262
19.1.2. 명사절 ······264
19.1.3. 형용사절 ······268
19.1.4. 부사절 ······269
19.1.5. 현재 사실의 반대를 나타내는 가정문 ······271
19.1.6. 접속법 과거의 예의적 표현 ······272
연습문제 • 273

20 과

20.1. 접속법 현재완료 ‖ 278
20.1.1. 형태 ······278
20.1.2. 용법 ······278
20.2. 접속법 과거완료 ‖ 281
20.2.1. 형태 ······281
20.2.2. 용법 ······281
20.2.3. 과거 사실의 반대를 나타내는 가정문 ······282
20.2.4. 접속법 과거와 과거완료의 비교 ······284
20.3. 접속법 단순미래와 미래완료 ‖ 285
연습문제 • 286

해답 ‖ 289

부록

1. **세계의 국명(자치령)과 형용사** • 313
2. **각국의 주요 도시명과 형용사** • 323
3. **스페인, 멕시코, 아르헨티나의 행정구역과 형용사** • 326

Lección 01

1.1. 철자와 발음

1.2. 음절과 강세의 위치

1.3. 관사와 명사의 성·수

1.4. 명사와 형용사의 성·수 일치

1.1. 철자와 발음

스페인어의 철자는 모음 5개, 자음 22개로 모두 27개이다(스페인 왕립학술원 2010년 정서법). ch와 ll는 아직 음가를 보존하고 있지만 철자로 인정되지 않는다. 자음 발음 시 특히 주의해야 할 것은 스페인어에서는 p, t, k를 거센소리인 [ㅍ, ㅌ, ㅋ]로 발음하지 않고 반드시 된소리인 경음 [ㅃ, ㄸ, ㄲ]로 발음한다는 것이다.

1.1.1. 철자

대문자	소문자	명칭
A	a	a [아]
B	b	be [베]
C	c	ce [쎄]
D	d	de [데]
E	e	e [에]
F	f	efe [에페]
G	g	ge [헤]
H	h	hache [아체]
I	i	i [이]
J	j	jota [호따]
K	k	ka [까]
L	l	ele [엘레]
M	m	eme [에메]
N	n	ene [에네]

대문자	소문자	명칭
Ñ	ñ	eñe [에녜]
O	o	o [오]
P	p	pe [뻬]
Q	q	cu [꾸]
R	r	erre [에레]
S	s	ese [에세]
T	t	te [떼]
U	u	u [우]
V	v	uve [우베]
W	w	uve doble [우베 도블레]
X	x	equis [에끼스]
Y	y	ye [예]
Z	z	zeta [쎄따]

1.1.2. 발음

모음

a, e, i, o, u 5개로 각각 [a], [e], [i], [o], [u]로 발음된다.

자음

총 22개로 다음과 같이 발음된다.

① B b : 양순음 [ㅂ]이다.

Barcelona	bebida	bien
bonita	bueno	brisa

② C c : 구강 뒤쪽에서 조음되는 후모음 a, o, u와 모든 자음 앞에서는 거센 연구개음 [ㄲ]로 발음된다.

casa	Corea	Cuba
crema	claro	clima

반면에, 구강 앞쪽에서 발음되는 전모음인 i와 e 앞에서는 치간음 [ㅆ]로 발음된다.

Celestina	cena	centro
cine	gracias	canción

스페인의 일부 지역과 대부분의 라틴아메리카 지역에서는 치경음 [s]로 발음하기도 한다. 그러나 우리말의 [시, 세]와는 혀끝의 위치가 다름에 주의해야 한다.

ch : 사전 배열에서 c+h로 취급되어 c속에 포함되어 있지만, 고유 음가를 가지며 발음은 [ㅊ]이다. 입 모양이 둥글게 되지 않는다는 점에서 영어 [č]와 구별된다 (비교: 영어 China, Chile).

muchacho	noche	Chile
chocolate	chupete	chinchulines

③ D d : 혀끝이 윗니 뒤에 닿는 치음 [ㄷ]이다.

dama	desde	San Diego
doce	dulce	Madrid

④ F f : 윗니가 아랫입술에 닿는 순치음이다.

fácil	fecha	fotografía
fútbol	Florida	San Francisco

⑤ G g : c와 마찬가지로, 후모음 (a, o, u)과 자음 앞에서는 [ㄱ]로 발음된다.

gafas	amigo	guapa
inglés	Granada	agregar

전모음 (i, e) 앞에서는 [ㅎ]로 발음된다.

gitano	gigante	genio	gente

[게]와 [기]는 각각 gue-, gui-로 표기한다 (Guernica, Che Guevara, Miguel; guitarra, Guinea). 반면에 güe- [구에], güi- [구이]는 각 음을 다 발음한다 (Argüelles, cigüeña, vergüenza; lingüística).

⑥ H h : 철자로만 표기될 뿐 모든 환경에서 묵음이다.

hablar	hermano	hijo
¡Hola!	humano	cohete

⑦ J j : 모든 모음 앞에서 위의 ge-, gi-와 동일하게 연구개음 [ㅎ]로 발음된다.

Japón	Jesús	jirafa
José	juego	trabajo

⑧ K k : 위의 ca-, co-, cu-, que-, qui-와 동일한 발음 [ㄲ]이다. 외래어를 표기할 때만 사용된다.

kilogramo	kilómetro	kilolitro

⑨ L l : 혀끝이 입천장에 완전히 닿는 설측음 [ㄹ]로 혀끝은 진동하지 않는다.

lago	lejos	Lima
loca	luna	sol

ll : 앞의 ch(c+h)와 마찬가지로 사전 배열에서는 l+l로 취급되어 l속에 포함되지만, 고유의 음가를 가진다. 발음은 구개음화 된 l, 즉 [랴, 례, 리, 료, 류]이며, 변이음으로 [y] 발음도 허용된다.

ella	Castilla	calle
pollo	lluvia	allí

⑩ M m : 양순음 [ㅁ]이다.

mamá	mesa	mismo
momento	mujer	hombre

⑪ N n : 연구개음인 [g]와 [k]앞을 제외하곤 모두 [ㄴ]로 발음된다.

nena	nosotros	Alfonso
elefante	bien	Francia

그러나, 연구개음, 즉 [ㅎ]와 [ㄱ], [ㄲ] 발음 앞에서는 [ㅇ]으로 발음된다.

Cancún	banco	inca
inglés	Aranjuez	Los Ángeles

⑫ Ñ ñ : [냐, 녜, 니, 뇨, 뉴]로, 두 모음 사이에서만 출현한다. ñ로 시작하는 단어는 외래어이다.

España	muñeca	niño
español	pañuelo	ñame

⑬ P p : 거센 양순음 [ㅃ]이다.

papá	Pedro	piano
playa	pronto	popular

※ psicología, psíquico 등에는 p가 발음되지 않는다.

⑭ Q q : que-[께] , qui-[끼] 발음을 표기하기 위해서만 쓰이며, 반드시 모음 u가 삽입된다.

¿Qué tal?	queso	quinquenio
Te quiero.	Don Quijote	quiosco

나머지 발음인 [까], [꼬], [꾸]는 각각 casa, cosa, Cuba로 표기된다 (☞ 앞의 C 참조).

⑮ R r : 혀끝이 입천장에 가볍게 닿으며 진동하는 [ㄹ]음이다.

caro	dragón	pared
pero	Teresa	urbano

rr : 위의 r가 단순 진동음이라면, rr는 복합 진동음이다. 즉 혀끝의 진동이 더 긴 [ㄹㄹ]음이다. 철자 상으로는 두 모음 사이에서만 출현하므로 대문자가 없다. 발음상으로는 어두나, n, l, s뒤에 오는 r도 이와 동일한 것으로 간주된다. 즉 두 모음 사이에서만 r와 rr가 구분된다. 독립된 철자로는 간주되지 않지만 r[ㄹ]와 구분하기 위해 발음 연습에서는 포함시킨 것이다.

radio	rosa	rumor
ferrocarril	arroz	turrón
Enrique	alrededor	Israel

비교 perro / pero, carro / caro

⑯ S s : 혀끝이 치경 부위(윗니와 경구개 사이)에 닿으며 나는 [ㅅ]소리이다.

salsa	Segovia	casino
sonata	sueño	piscina

우리말의 발음 [시]와는 물론이고, 치간음인 ci[θi]-와도 다름에 주의해야 한다.

비교 도시락 / casi / gracias

⑰ T t : 혀끝이 윗니 뒤쪽에 닿으며 나는 거센 치음 [ㄸ]이다.

tango	usted	Titicaca
Toledo	tú	tratar

⑱ V v [b] : 양순음 [ㅂ]으로서, 모든 환경에서 앞의 b와 발음이 동일하다.

Valencia	Las Vegas	Bolivia
bravo	vuelo	víbora

비교 앞의 정식 명칭 이외에도, b는 b alta, 또는 대표적인 도시의 첫 글자를 따서 b de Barcelona라고도 불리며, v는 v baja, 또는 v de Valencia라고도 불린다.

⑲ W w : 외래어를 표기할 때 사용되며, [ㅜ] 로 발음된다.

Washington	Waterpolo	whisky (또는 güisqui)

⑳ X x : 경우에 따라 다음 세 가지로 발음된다.

[ks] : examen, Texcoco, textil, taxi, texto, existencia
[x] : México, Texas
[s] : xilófono

㉑ Y y : 유성 경구개 마찰음 [ㅈ]에 가깝지만, 모음처럼 발음되는 [ㅣ]도 허용된다. 어말에서는 반모음 [i]로 실현된다.

ya	yegua	yo
Yucatán	hoy	Paraguay

비교 yacer, yugo / hiena, hierba

㉒ Z z : 모든 환경에서 ci-, ce-와 같은 치간음 발음이다. 그러나 일부 스페인과 대부분의 라틴아메리카 지역에서는 [s]로 발음하기도 한다.

zapato	zeta	Arizona
Venezuela	La Paz	nariz

비교 caza /casa, zeta / seta

1.2. 음절과 강세의 위치

스페인어 발음 시 가장 중요한 것은 올바른 조음과 더불어 정확한 강세의 위치를 부여하는 것이다. 이를 위해서는 음절분해법을 알아야 하며, 강세 음절은 타 음절에 비해 더 높고 길게 발음해야 한다.

1.2.1. 음절 분해

1) 모음은 음절의 핵을 이루며, 음절 경계는 스페인어 어두에서 허용 가능한 자음 또는 자음군 앞에서 형성된다.

- 단음절 어: sol, flor, pan, de
- 모음 사이에 자음이 하나일 때: ca-sa, To-le-do, a-mor, lu-na
- 모음 사이에 자음이 둘 이상일 때:
  Pe-dro, no-so-tros, Ma-drid, dip-ton-go
  pul-po, Sal-sa, Pam-pa, Tan-go, en-tre, Al-ham-bra
  a-tlas, trans-for-mar, siem-pre, con-flic-to, can-cha
  ins-cri-bir, cons-truc-ción, e-xa-men

주의

이 분해법을 편의상 음절분해라고 부르고 있지만, 정확히는 철자분해이다. 음절분해는 발음에 기초하고 철자분해는 정자법에 기초하는 것이지만, 스페인어의 경우에는 둘 사이의 차이가 크지 않기 때문에 엄격하게 구분하지 않는 것뿐이다. 그러나 위의 examen의 경우를 보면, 철자상으로는 e-xa-men으로 나뉘지만 음절은 [ek-sá-men]으로 나뉨에 주의해야 한다.

2) 모음 연속체, 이중 모음과 삼중 모음

스페인어의 모음은 조음 시 구강의 열림 정도에 따라 개모음(a, e, o)과 폐모음(i, u)으로 구분된다.

• 「개모음+개모음」연속체는 각각 독립된 음절로 취급된다: zo-o, ca-os, ta-re-a, tor-ne-o

• 이중모음: 「폐모음+개모음」 또는 「개모음+폐모음」 연속체로써, 음절 분해 시 하나의 모음으로 간주된다.

Bue-nos Ai-res, gra-cias, fa-mi-lia, a-gua

rei-na, eu-ro, boi-na

• 삼중모음: 「폐모음+개모음+폐모음」 연속체로써, 역시 하나의 모음으로 간주된다.

a-ve-ri-guáis, con-ti-nuáis, ac-tuáis

• 「폐모음+폐모음」 연속체는 하나의 음절로 간주된다: viu-da, hui-da

1.2.2. 강세 규칙

대체적인 강세 부여 규칙은 다음과 같다.

1) 모음과 -n, -s로 끝나는 단어는 뒤에서 두 번째 음절 모음에 강세가 놓인다.

pla-za	hom-bre	cho-ri-zo
jo-ven	e-xa-men	i-ma-gen
lu-nes	mar-tes	jue-ves

2) -n, -s를 제외한 모든 자음으로 끝나는 단어는 끝 음절 모음에 강세가 놓인다.

Ma-drid	re-loj	ho-tel
a-mor	ma-tiz	car-net

3) 모음 연속체, 이중모음과 삼중모음의 강세 위치

• 「개모음+개모음」 연속체는 각각 독립된 음절로 취급되므로, 뒤에서 두

번째 음절 모음에 강세가 놓인다: zo-o, ca-os, Co-re-a, tor-ne-o, bo-a

- 이중모음: 구강이 더 벌어지는 열림 모음이 상대적으로 유성성이 더 크므로 강세는 자연히 열린 모음에 놓이게 되며, 이로써 닫힌 모음은 약화되어 반자음 또는 반모음이 된다.

ai: Bue-nos Ai-res
au: cau-sa, gau-cho
ei: rei-na, pei-ne
eu: eu-ro, Ceu-ta
oi: boi-na, es-te-roi-de
ou: bou

ia: gra-cias, glo-ria, fa-mi-lia
ua: a-gua, pa-ra-guas
ie: su-per-fi-cie, al-ti-pla-ni-cie
ue: fue, te-nue, pue-do
io: Eu-ge-nio, pa-la-cio
uo: an-ti-guo, con-ti-nuo

예외

es-toy의 -oy는 이중모음으로 간주되면서도 어말의 -y가 자음성을 가지므로 강세는 마지막 음절에 부여된다.

- 삼중모음: 이 역시 이중모음에서와 마찬가지로 가장 열린 모음에 강세가 놓이며, 이로써 앞뒤의 폐모음들은 약화된다.

  a-ve-ri-guáis, con-ti-nuáis, ac-tuáis

예외

Pa-ra-guay, U-ru-guay 등의 -uay는 삼중모음으로 간주되면서도 어말의 -y가 자음성을 가지므로 강세는 마지막 음절에 부여된다.

- 「폐모음+폐모음」 연속체에서는 뒷모음에 강세가 부여된다.

  viu-da, hui-da

4) 강세 규칙에 예외가 되는 단어들은 반드시 강세를 표시해야 한다.

ca-fé	au-to-bús	co-ra-zón	fá-cil
di-fí-cil	sá-ba-do	mur-cié-la-go	Mé-xi-co
dí-a	Ma-rí-a	rí-o	con-fiáis

1.3. 관사와 명사의 성·수

1.3.1. 정관사와 부정관사

정관사와 부정관사는 남·여성과 단·복수로 구분된다.

	정관사		부정관사	
	단수	복수	단수	복수
남성	el	los	un	unos
여성	la	las	una	unas

1.3.2. 명사의 성

1) 자연성(自然性)을 제외하고, 일반적으로 -a로 끝나는 명사는 여성이고, -o로 끝나는 명사는 남성이다.

<자연성>

el hombre → la mujer　　el padre → la madre

el caballo → la yegua　　el toro → la vaca

la casa	la luna	la rosa
el banco	el libro	el teatro

예외

<-a로 끝나는 남성>

el clima, el día, el drama, el mapa, el planeta, el poema, el problema, el programa, el tema, el síntoma, el yoga

<-o로 끝나는 여성>

la foto, la mano, la moto, la radio

2) 자음이나 -o로 끝나는 자연 남성 명사들은 대체로 어미를 -a로 바꾸거나 첨가해 여성형을 만든다.

el alumno → la alumna	el amigo → la amiga
el abuelo → la abuela	el casado → la casada
el coreano → la coreana	el hermano → la hermana
el hijo → la hija	el nieto → la nieta
el niño → la niña	el primo → la prima
el tío → la tía	el viudo → la viuda
el perro → la perra	el gato → la gata

el escritor → la escritora	el español → la española
el inglés → la inglesa	el profesor → la profesora

예외

el estudiante → la estudiante
el modelo → la modelo
el estadounidense → la estadounidense
el periodista → la periodista

el actor → la actriz
el poeta → la poetisa
el rey → la reina
el emperador → la emperatriz
el príncipe → la princesa

3) -ción, -umbre, -ad, -ie 등으로 끝나는 명사들은 대체로 여성이다.

la amistad
la ciudad
la especie
la canción
la cumbre
la superficie

1.3.3. 명사의 수

복수는 모음으로 끝나는 단어에는 -s를, 자음으로 끝나는 단어에는 -es를 붙여 만든다. 복수형이 되어 단수 명사의 강세 위치가 바뀐 경우에는 원래 강세 위치에 표시를 해 주는 것이 원칙이다.

la casa → las casas
el día → los días
una casa → unas casas
un día → unos días
el hombre → los hombres
la mano → las manos
un hombre → unos hombres
una mano → unas manos

el amor → los amores
la flor → las flores
la voz → las voces
un amor → unos amores
la ciudad → las ciudades
el papel → los papeles
el lápiz → los lápices
una ciudad → unas ciudades

una flor → unas flores
una voz → unas voces
la canción → las canciones
el inglés → los ingleses
una canción → unas canciones
un inglés → unos ingleses

un papel → unos papeles
un lápiz → unos lápices
el corazón → los corazones
el japonés → los japoneses
un corazón → unos corazones
un japonés → unos japoneses

el examen → los exámenes
un examen → unos exámenes

el joven → los jóvenes
un joven → unos jóvenes

예외

1. 모음으로 끝나는 단어들 중에서 끝 음절 모음에 강세가 놓인 경우 단어에 따라 -s 또는 -es를 붙인다.

el café → los cafés
el rubí → los rubíes
el papá → los papás
el bambú → los bambúes/bambús

2. -s로 끝나는 단어들 중 끝 음절에 강세가 없는 단어들은 단·복수의 형태가 동일하다.

el lunes → los lunes
el martes → los martes
el viernes → los viernes
el cumpleaños → los cumpleaños
el jueves → los jueves
el paraguas → los paraguas

3. 단수 명사의 본래 강세 위치가 복수가 될 때, 강세 위치가 변하는 경우도 있다.

el carácter → los caracteres
el régimen → los regímenes

주의

정·부정관사의 변이

a로 시작되며 그 음절에 강세가 있는 여성 명사는 연음으로 인한 발음상의 혼동을 피하기 위해 관사로 각각 el과 un을 취한다. 그러나 복수형은 정상적인 관사 형태를 취한다.

el agua → las aguas　　un agua → unas aguas
el hacha → las hachas　　un hacha → unas hachas
el águila → las águilas　　un águila → unas águilas
el hambre → las hambres　　un hambre → unas hambres

1.4. 명사와 형용사의 성·수 일치

형용사는 수식하는 명사에 성과 수가 일치해야 한다.

el vestido blanco → los vestidos blancos
un amigo íntimo → unos amigos íntimos
la chaqueta roja → las chaquetas rojas
una canción preciosa → unas canciones preciosas

남성 단수가 -o로 끝나지 않는 형용사는 수 변화만 한다.

la ciudad grande → las ciudades grandes
un niño feliz → unos niños felices
la puerta azul → las puertas azules
una chica inteligente → unas chicas inteligentes

예외

un chico español → unos chicos españoles
una chica española → unas chicas españolas
un hombre inglés → unos hombres ingleses
una mujer inglesa → unas mujeres inglesas

‖ 연습문제 ‖

1. 다음 단어와 문장들을 큰 소리로 읽으시오.

❶

caro / el carro

pero / el perro

la rama / la lama

la rima / la lima (Lima)

la caza / la casa

cocer / coser

la canción

la conversación

la ilusión

la impresión

la cena

el azúcar

la seda

el señor

la filosofía

la familia

el febrero

la forma

piscina

ascensor

❷

Octavio Paz

Miguel de Cervantes Saavedra

Jorge Luis Borges

Gabriel García Márquez

Plácido Domingo

Pablo Ruiz Picasso

Rubén Darío

Juan Ramón Jiménez

Miguel de Unamuno

Andrés Bello

Antonio Gaudí

Ramón Menéndez Pidal

Pablo Neruda

Ernesto Che Guevara

❸

Buenos días.

Buenas tardes.

Buenas noches.

¿Cómo estás?

¿Qué tal?

Bien, gracias.

Yo soy coreano.

Tú eres estudiante.

Ud. es español.

¡Hola, amigo!

Encantado.

Yo soy Leticia.

Un café, por favor.

Te quiero mucho.

¡Hasta luego!

¡Vale!

¡Hasta mañana!

Adiós.

2. 다음 단어들을 단수 정관사와 함께 스페인어로 쓰시오.

❶ 노래 (   )
❷ 숙모 (   )
❸ 목요일 (   )
❹ 토요일 (   )
❺ 배고픔 (   )
❻ 버스 (   )
❼ 연필 (   )
❽ 생일 (   )
❾ 영어 (   )
❿ 마음 (   )
⓫ 아기 (   )
⓬ 축구 (   )

3. 다음 단어들의 단수 정관사와 부정관사를 쓰시오.

❶ (/) mapa
❷ (/) tema
❸ (/) hacha
❹ (/) amor
❺ (/) amistad
❻ (/) clase
❼ (/) calle
❽ (/) labor
❾ (/) día
❿ (/) actriz
⓫ (/) flor
⓬ (/) ciudad
⓭ (/) mano
⓮ (/) noche
⓯ (/) problema
⓰ (/) yoga

4. 다음 단어들의 복수형을 쓰시오.

❶ la emperatriz ( )
❷ la voz ( )
❸ la mamá ( )
❹ el bambú ( )
❺ el papel ( )
❻ el joven ( )
❼ usted ( )
❽ el lunes ( )
❾ la ciudad ( )
❿ el águila ( )
⓫ el profesor ( )
⓬ el francés ( )
⓭ la habitación ( )
⓮ el agua ( )

5. 다음 각 단어의 강세위치를 밑줄로 표시하시오.

❶ antiguo
❷ Bolivia
❸ diccionario
❹ examen
❺ existencia
❻ gracias
❼ lluvia
❽ paraguas
❾ reina
❿ tarea

6. 다음 각 단어에 알맞은 강세표시를 하시오.

❶ caracter
❷ economia
❸ fotografia
❹ San Jose
❺ cafes
❻ sabado

7. 우리말 표현에 따라 ( )안에 적절히 채우시오.

❶ 하얀색 장갑 → los guantes ( )
❷ 검은 재킷 한 벌 → una chaqueta ( )
❸ 잘생긴 남학생 → un alumno ( )
❹ 빨간색 볼펜들 → los bolígrafos ( )
❺ 강한 성격 → un carácter ( )
❻ 행복한 아이 → un niño ( )
❼ 어려운 시험들 → los exámenes ( )
❽ 영국 여자들 → las mujeres ( )
❾ 큰 도시들 → las ciudades ( )
❿ 파란별들 → las estrellas ( )

Lección 02

2.1. 인칭대명사 1: 주격과 소유격 전치형
2.2. ser와 estar의 직설법 현재
2.3. 규칙 동사의 직설법 현재
2.4. 지시 형용사

2.1. 인칭대명사 1: 주격과 소유격 전치형

격＼인칭	1인칭단수	2인칭단수	3인칭단수	1인칭복수	2인칭복수	3인칭복수
주격	yo	tú	Ud. él, ella	nosotros nosotras	vosotros vosotras	Uds. ellos, ellas
소유격	mi/mis	tu/tus	su/sus	nuestro nuestra nuestros nuestras	vuestro vuestra vuestros vuestras	su/sus

주의

1. Ud.=usted, Uds.=ustedes 의미상은 2인칭이지만, 문법적으로는 3인칭 변화형을 취한다. 이는 Vuestra Merced이라는 3인칭 경칭으로부터 유래된 것이기 때문이다.
2. 스페인어에서는 동사가 인칭과 수에 따라 변하기 때문에, 동사 변화형만으로도 충분히 주어를 알 수 있는 경우에는 주어를 생략할 수 있다.

2.2. ser와 estar의 직설법 현재

'~이다, ~(이)있다'라는 의미의 동사들로써 주어의 속성이나 상태 등을 나타낸다. 인칭과 수에 따른 변화형은 다음과 같다.

ser		estar	
soy	somos	estoy	estamos
eres	sois	estás	estáis
es	son	está	están

1) **ser:** 출신, 소속, 신분, 용모나 성격, 재료, 소유, 가격, 직업 등 비교적 본질적인 속성을 나타낸다.

¿De dónde eres tú? -Soy de Corea.
-Soy coreano.
¿Es Ud. española? -No, soy mexicana.
¿De dónde sois vosotros? -Yo de Seúl, pero él es de Busan.
¿Quién es él? -Es mi amigo. Es estudiante del departamento de español.
Uds. son muy amables. -Gracias.
¿Cómo es tu amiga? -Es alta y guapa.
¿Cómo es su ciudad? -No es grande, pero muy bonita.
¿Cómo es vuestra profesora? -Es simpática, pero muy exigente.
¿De qué es la mesa? -Es de madera.
¿De quién es el libro? -Es de Carlos.
¿Cuánto es? -Son 3 euros.
¿Cuál es su profesión? -Soy médico.

참고

스페인어에서 부정문을 만드는 "no"는 인칭변화 동사 앞에 사용한다.
Yo no soy coreano.

주의

이중 소유형 사용 금지: Es su casa de María. (x)
Es la casa de María. (o) (= Es su casa.)

2) **estar:** 일시적인 상태나 위치 등을 나타낸다. 상태를 나타낼 때는 형용사나 과거분사를 함께 쓰고, 위치를 나타낼 때는 주로 전치사 en을 함께 쓴다.

¿Cómo estás? -Estoy bien, gracias.
¿Cómo está tu abuela? -Está mal. Está enferma.
¿Cómo estáis? -Estamos agotados.
¿Cómo está la fruta? -Aún está verde.
Estamos contentos.
Estás cansada.
Ya estoy harto.
La puerta está cerrada.
La ventana está abierta.
La habitación está reservada.
El cine está muy aburrido.
La fiesta está divertida.
El teléfono está ocupado.
La silla está libre.

¿Cómo está su madre? -No está bien. Está en el hospital.
¿Dónde estáis ahora? -Estamos en el metro.
¿Dónde está vuestra universidad? -Está en Seúl.
¿Dónde está tu coche? -Está enfrente del edificio B.
¿Dónde están nuestros libros? -Están en mi casa.

참고

'(회의, 행사 등이) 거행되다, 열리다, 있다'의 의미일 때도 ser동사를 쓸 수 있다.
¿Dónde es la conferencia? -Es en la Sala Cervantes. (o)
¿Cuándo es la boda? -Es mañana. (o)
¿Dónde está la fiesta? (x)

2.3. 규칙 동사의 직설법 현재

어미의 형태에 따라 편의상 1변화(-ar), 2변화(-er), 3변화(-ir)로 구분한다. 인칭과 수에 따른 변화는 다음과 같다.

hablar		comer		vivir	
hablo	hablamos	como	comemos	vivo	vivimos
hablas	habláis	comes	coméis	vives	vivís
habla	hablan	come	comen	vive	viven

다음 동사들은 위와 동일한 변화를 하는 규칙 동사들이다.

- 제1변화 규칙 동사들: amar, andar, bailar, bajar, buscar, cantar, comprar, dejar, desear, enseñar, entrar, envidiar, estudiar, llamar, llegar, llevar, mirar, odiar, practicar, saludar, tocar, tomar
- 제2변화 규칙 동사들: aprender, absorber, beber, comprender, correr, creer, deber, leer, temer, vender
- 제3변화 규칙 동사들: abrir, cubrir (descubrir, encubrir), escribir (describir, inscribir, suscribir), partir (compartir, repartir), prohibir, subir

¿Habla Ud. español? - Sí, pero un poco.
¿Hablas bien español? - Aún no, pero practico mucho.
¿Cuántos idiomas hablas? - Tres: coreano, inglés y español.
¿Por qué estudias español? - Porque deseo ser diplomático.
¿A quién saludáis? - Saludamos a nuestra profesora.
El señor Kim toca muy bien la guitarra.
María canta muy bien las canciones coreanas.
Los señores López bailan bien la salsa.

¿Cuándo coméis? - Comemos después de la clase de conversación.

¿Qué aprendéis en la universidad? - Aprendemos español, pero aún no hablamos bien.

Ellos venden libros.

¿Qué comen en general en vuestro país? - La comida principal de nuestro país es arroz.

¿En dónde vives? - Vivo en Seúl.

¿Cuándo partís para Madrid? - Partimos mañana por la mañana.

¿A quién escribes la carta? - Escribo a una amiga española.

Abrimos la ventana.

Mañana subimos a la montaña.

2.4. 지시 형용사

este '이'는 「화자에게 가까운 것」을, ese '그'는 「청자에게 가까운 것」을, aquel '저'는 「화자와 청자 모두에게 먼 것」을 가리킬 때 사용한다.

수 / 성	단수	복수	단수	복수	단수	복수
남성	este	estos	ese	esos	aquel	aquellos
여성	esta	estas	esa	esas	aquella	aquellas

¿De quién es este teléfono? -Es de María.

¿Para quién es este diccionario? -Es para mi hermana.

¿De quién es esta mochila? -Es de Marta.

¿Para qué compras estos libros? -Para preparar la clase de mañana.

¿De dónde es ese coche? -Es de Corea.
¿Dónde trabaja esa señorita? -Trabaja en una compañía de telecomunicación.
¿Qué compran esas personas? -Compran lotería.

¿De qué marca es aquel televisor? -Es de 'Cinco Estrellas'.
¿De qué país es aquella chica? -Es de España.
¿Dónde está mi teléfono móvil? -Está en aquella mesa.
¿Quiénes son aquellos chicos? -Son mis primos.

참고

관사의 변화에 준해 강세 a로 시작되는 단수 명사 앞에서 esta를 este로 바꾸는 경우가 있는데, 이는 올바른 것이 아니다.

el agua (o) → esta agua (o) / este agua (x)
el águila (o) → esa águila (o) / ese águila (x)
el hacha (o) → aquella hacha (o) / aquel hacha (x)

‖ 연습문제 ‖

1. 다음 괄호 안에 ser와 estar를 구분해 넣으시오.

❶ Yo ( ) española.

❷ Ellos ( ) en casa.

❸ Tú ( ) estudiante.

❹ Ella ( ) cansada.

❺ La puerta ( ) abierta.

❻ ¿Cuánto ( )?

❼ Madrid ( ) una ciudad grande y hermosa.

❽ Todos los alumnos ( ) estudiosos.

❾ José ( ) de México.

❿ ¿Cómo ( ) María? -( ) guapa y simpática.

⓫ Ud. ( ) muy amable.

⓬ Yo ( ) contento con mis alumnos.

⓭ ¿Cómo ( ) Manuel? -( ) enfermo.

⓮ Ese libro ( ) muy caro.

⓯ El teléfono ( ) ocupado.

⓰ Aquellos chicos ( ) mis primos.

⓱ ¿Dónde ( ) el parque? -( ) cerca del metro.

⓲ España ( ) en Europa y la capital ( ) Madrid.

⓳ Argentina ( ) muy famosa con el fútbol y las Pampas.

⓴ ¿Para quién ( ) esta carta? -( ) para mi hermano.

2. 우리말 문장에 따라 괄호 안에 알맞은 지시형용사를 넣으시오.

❶ 저 책들은 누구 것이니? → ¿De quién son (　　　　　) libros?

❷ 이 꽃은 Juana를 위한 것이다. → (　　　　　) flor es para Juana.

❸ 저 아가씨들은 멕시코 사람들이다. → (　　　　　) señoritas son mexicanas.

❹ 이 물은 마실 수 있다. → (　　　　　) agua es potable.

❺ 나는 그 책을 읽지 않는다. → Yo no leo (　　　　　) libro.

❻ 그 날이 내 생일이야. → (　　　　　) día es mi cumpleaños.

❼ 이 차들은 독일제이다. → (　　　　　) coches son de Alemania.

❽ 저 서류철은 누구의 것이니? → ¿De quién es (　　　　　) carpeta?

❾ 그 볼펜들은 어느 나라 것이니? → ¿De qué país son (　　　　　) bolígrafos?

❿ 저 거리가 Alcalá야. → (　　　　　) calle es Alcalá.

3. 다음 빈 칸에 주어진 동사의 알맞은 형태를 적으시오.

❶ José __________(amar) la música clásica.

❷ Los abuelos __________(andar) con bastón.

❸ Tú no __________(bajar) el volumen de la radio.

❹ Yo __________(buscar) el libro de la gramática española.

❺ Nosotros __________(cantar) una canción española.

❻ ¿Qué __________(comprar) vosotros?

❼ Ella __________(desear) una tarta de queso.

❽ Los espectadores __________(entrar) en el estadio.

❾ ¿No __________(estudiar) vosotras la historia de España?

❿ Un cartero __________(llamar) a la puerta.

⓫ El autobús __________(llegar) a esta parada.

⓬ Nosotros __________(odiar) las drogas.

⑬ El algodón ________(absorber) el agua.

⑭ Unas señoras ________(correr) al supermercado.

⑮ Pedro ________(leer) una revista de corazón.

⑯ El profesor ________(abrir) la ventana.

⑰ Mi hermana ________(escribir) una carta en la habitación.

⑱ El escritor ________(describir) el amor entre dos jóvenes.

⑲ Juan y yo ________(repartir) la tarta.

⑳ Los basureros ________(subir) al camión.

Lección 03

3.1. 불규칙 동사들의 직설법 현재 1
3.2. 의미가 유사한 동사들의 비교
3.3. 인칭대명사 2: 직·간접 목적격과 전치격
3.4. 목적대명사의 위치 1
3.5. 재귀대명사 se
3.6. 형용사의 위치와 어미 탈락

3.1. 불규칙 동사들의 직설법 현재 1 (dar, ir, pensar, poder, querer, saber, tener, venir, ver)

dar: doy, das, da, damos, dais, dan

ir: voy, vas, va, vamos, vais, van

pensar: pienso, piensas, piensa, pensamos, pensáis, piensan (☞ 6.1.2.)

poder: puedo, puedes, puede, podemos, podéis, pueden (☞ 6.1.2.)

querer: quiero, quieres, quiere, queremos, queréis, quieren (☞ 6.1.2.)

saber: sé, sabes, sabe, sabemos, sabéis, saben

tener: tengo, tienes, tiene, tenemos, tenéis, tienen

venir: vengo, vienes, viene, venimos, venís, vienen

ver: veo, ves, ve, vemos, veis, ven

Doy un libro a mi hijo.
¿Qué quieres tomar, té o café? -Me da igual.
¿Por qué no damos un paseo por el parque?
Mi habitación da a la calle.
Voy a cenar a las ocho de la tarde con mis amigos.
Vamos a leer el libro en voz alta.
Solo piensa en Dios.
Pienso ir al centro con Natalia.
Mañana podemos tomar una copa juntos.
Queremos aprender mucho en la clase.
Tenemos una clase de español esta tarde.
Tengo que tomar el avión para Madrid.
Ya sabemos hablar español.
Allí vienen mis amigos.
Veo la televisión.

Vemos a Matilda y a Gómez.

주의

위의 예문들에서처럼 스페인어에는 많은 동사들이 부정사를 이끌 수 있다. 이 때 주의해야 할 것은 전치사(a, de, en 등)를 동반하는 것들도 있고, 동반하지 않는 것들도 있다는 점이다. pensar는 부정사를 목적어로 취할 때 일반적으로는 전치사를 동반하지 않으나, '~하는 것을 생각한다'는 의미에서 명사의 경우처럼 en을 취하는 경우도 있다.

Debemos dominar la gramática española dentro de un año.
Acabamos de terminar la lección 2.
Ahora no pensamos en ir a los Estados Unidos.
Empezamos a hablar español poco a poco.

3.2. 의미가 유사한 동사들의 비교

3.2.1. hablar와 decir

hablar는 기본적으로 자동사이지만 타동사로 쓰이면 직접목적어로 「언어명」만을 받는다. 반면에 decir는 주로 타동사로 쓰이므로 명사를 직접목적어로 받을 수 있으며, 접속사 que로 이끌리는 명사절도 받을 수 있다.

• decir: digo, dices, dice, decimos, decís, dicen

Hablo español. (o) → Digo español. (x)
Ella habla en francés. (o) → Ella dice en francés. (x)
Digo la verdad. (o) → Hablo la verdad. (x)

Digo que eres muy guapa. (o) → Hablo que eres muy guapa. (x)

참고

Hablo bien/mal de ella. (o)
Digo bien/mal de ella. (o) (= Digo que ella es buena/mala.)

3.2.2. saber와 conocer

• conocer: conozco, conoces, conoce, conocemos, conocéis, conocen

saber는 '사실이나 방법 등을 안다'고 할 때 쓰이며, conocer는 '사람, 나라, 도시 등을 경험적으로 안다'고 할 때 주로 쓰인다. 따라서, 형식상으로 saber는 명사뿐만 아니라 que절과 부정사도 목적어로 취할 수 있는 반면, conocer는 주로 명사만을 목적어로 취한다.

Sé que eres guapa. (o) → Conozco que eres guapa. (x)
No sé bien cómo es ella. (o) → No conozco bien cómo es ella. (x)
Conozco bien a María. (o) → Sé bien a María. (x)

Conocemos bien la Ciudad de México. (o)
Sabemos dónde está la Ciudad de México. (o)
Sabemos que Madrid es la capital de España. (o)

Ya sabemos hablar en español. (o)
→ Ya conocemos hablar en español. (x)
No sé tocar la guitarra. (o)
→ No conozco tocar la guitarra. (x)

둘 다 타동사와 자동사로 모두 쓰이므로, 목적어를 직접 취할 수도 있고 전치사(de)를 동반할 수도 있다. 그러나 conocer가 「직접적이고 경험적인 지식」을 묘사하는데 반해 saber는 이를 포함해 좀 더 「학문적으로 폭넓은 지식」까지 나타내므로, 아래의 경우에는 두 동사 모두 쓸 수 있다.

Sabes mucho la historia de España.
Conoces mucho la historia de España.

Ella sabe bien de pinturas.
Ella conoce bien de pinturas.

참고

saber는 특히 전치사 a와 함께 쓰여 '~맛이 나다'라는 의미로 쓰인다.
Este café sabe a cacao. (= Este café tiene el sabor de cacao.)
Esta leche sabe a fresa.

3.3. 인칭대명사 2: 직·간접 목적격과 전치격

구분 / 인칭	목적격 (전치격)	목적격 (전치격)
1	me (~a mí)	nos (~a nosotros)
2	te (~a ti)	os (~a vosotros)
3	(직) lo 또는 le (~a Ud./él) la (~a ella) (간) le (~a Ud./él/ella)	(직) los 또는 les (~a Uds./ellos) las (~a ellas) (간) les (~a Uds./ellos/ellas)

Te quiero a ti. -Pero yo te odio.
¿A quién amas? -(Te amo) A ti, guapa.
¿A quién llamas por teléfono? -(Llamo por teléfono) A Carolina.
Queremos a María (= La queremos).
¿Te molesta cerrar la puerta? -No, señorita. La cierro ahora.

¿Qué tal esta chaqueta? -Te queda muy bien.
¿Me abres la ventana? -Sí, con mucho gusto.
Le hablo a ella en español.

• 그 밖의 전치사와 함께 쓰인 예

¿De qué habláis? -Hablamos de ti.
¿Con quién viven tus abuelos? -Viven conmigo.
¿Con quién estudia Ud. español? -Lo estudio con ella.
Quiero hablar con Ud. un minuto.
Queremos ir al cine contigo.
Él trabaja con nosotros.
Queremos cenar con Uds.
No puedo vivir sin ti.
Siempre pienso en ti.
Hablar en español no es tan difícil para mí.
No deben existir secretos entre tú y yo.
Todos la decepcionan excepto él.

참고

직접 목적격 남성 3인칭 단수 lo 대신에 le를 쓰기도 한다.

Le conozco bien a él.
Mañana le llamo a Ud. por teléfono.
No le veo a él en esta clase.

주의

1. 중복형 구문: 의미를 명확하게 하거나 강조하기 위해 '목적격 인칭대명사'와 'a+인칭대명사'를 함께 사용할 수 있다.

   Te quiero a ti.

   Le doy un regalo a ella.

2. 목적어가 인칭대명사인 경우 전치격('a+인칭대명사')을 생략할 수는 있어도 전치격만 쓸 수는 없다. 그러나 목적어가 인칭대명사가 아닌 경우에는 전치격만 쓸 수도 있다.

   La quiero (a ella). (o) → Quiero a ella. (x)

   Os regalo un libro (a vosotros). (o) → Regalo un libro a vosotros. (x)

   Te lo digo en serio (a ti). (o) → Lo digo en serio a ti. (x)

   Le invito a un café (a él). (o) → Invito a un café a él. (x)

   Encantado de conocerle (a Ud.) (o) → Encantado de conocer a Ud. (x)

   Le escribo una carta (a María). = Escribo una carta a María. (o)

   Les mando un paquete (a mis primos). = Mando un paquete a mis primos. (o)

3. 목적어가 인칭대명사가 아닌 경우, 간접목적어는 중복형이 가능하지만 직접목적어에는 일반적으로 사용하지 않는다.

   Le doy un regalo (a María). (o)

   La quiero a María. (x) (일부 지역에서는 허용되나 권장하지 않음)

   Quiero a María. (o)

   La quiero. (o)

4. 목적어가 사람이든 사물이든 강조를 위해 동사 앞에 위치시키는 경우에는 반드시 대명사로 다시 반복해야 한다.

   Los libros los compro. (o)

   Los libros compro. (x)

   Quiero a Juana. = A Juana la quiero. (o)

   A Juana quiero. (x)

   A mí me da igual. (o)

   A mí da igual. (x)

3.4. 목적대명사의 위치 1

목적대명사는 동사 앞에 위치한다.

Te quiero.
¿La conoces bien? -No, aún no la conozco.

그러나 목적 대명사가 부정사와 함께 올 때는, 인칭 변화형 동사 앞에 올 수도 있고 부정사 뒤에 붙여 쓸 수도 있다.

Te voy a llamar esta noche.
Voy a llamarte esta noche.

한 문장 내에 간접목적대명사와 직접목적대명사가 동시에 올 때는 반드시 간접목적대명사를 먼저 쓰며, 둘 다 3인칭인 경우에는 간접목적대명사(le, les)를 se로 바꾸어 쓴다. 이 때 동사 원형의 강세 위치가 바뀔 우려가 있을 경우에는 반드시 본래의 위치에 표시해 준다.

Te regalo un libro. → Te lo regalo.
Le regalo un reloj a ella. → Se lo regalo a ella.
Les digo a Uds. la verdad. → Se la digo a Uds.
¿Vas a prestarle a ella tus apuntes?
→ ¿Vas a prestárselos a ella?
¿Vas a darle una muñeca a Leticia?
→ ¿Vas a dársela a Leticia?

주의

간접목적대명사와 직접목적대명사가 함께 쓰이는 경우 동사 앞뒤로 분리해서 쓰지는 않는다.

Te lo voy a dar. (o)
Voy a dártelo. (o)
Te voy a darlo. (x)

3.5. 재귀대명사 se

주어가 「자기 자신」을 목적어로 삼음으로써 행위의 결과가 자신에게 되돌아 올 때 사용하는 대명사이다.

수 / 인칭	단수	복수
1	me (~a mí)	nos (~a nosotros)
2	te (~a ti)	os (~a vosotros)
3	se (~a sí)	se (~a sí)

- 규칙 동사들: afeitarse, casarse, ducharse, lavarse, levantarse, limpiarse
- 불규칙 동사들: acostarse, despertarse, sentarse

¿Cómo te llamas? - Me llamo Carlos.
¿Ud. se llama Paco? - No, no me llamo Paco. Me llamo Pedro.
¿Te levantas temprano? - No, me levanto muy tarde.
Me lavo la cara.
¿Te duchas todos los días? - Sí, me ducho siempre antes de dormir.

Mi hermana se casa mañana.

¿Te afeitas? - No, todavía no me afeito.

¿Puedo sentarme aquí? - Lo siento, está ocupado.

Para despertarte mañana muy temprano, tienes que acostarte ahora.

María se quiere a sí misma.

Él lleva la maleta consigo.

Juan habla de sí (mismo).

Tú trabajas para ti (mismo).

비교	타동사로 쓰인 예 Ellos lavan los platos. La madre levanta a su hijo del suelo. El señor López va a casar a su hija con Juan. El camarero limpia la cafetería. Mi mamá me despierta muy temprano todos los días.

주의

재귀동사를 사용하여 자기 신체와 관련된 표현을 하는 경우, 소유 형용사를 사용하지 않는다.

Me lavo las manos.(o) → Me lavo mis manos. (x)

Nos limpiamos los pies.(o) → Nos limpiamos nuestros pies. (x)

3.6. 형용사의 위치와 어미 탈락

3.6.1. 형용사의 위치

지시, 수량 등의 한정 형용사는 명사 앞에 위치하지만, 품질 형용사는 일반적으로 뒤에 위치한다.

Eres un chico muy inteligente.
Esa chica guapa es mi prima.
Es agua limpia.
Es un libro muy divertido.
Es una casa grande y hermosa.
Este libro es de Juan.
Dos personas están en la cafetería.

3.6.2. 위치에 따라 의미가 달라지는 형용사들

el hombre pobre '가난한 사람' / el pobre hombre '불쌍한 사람'
la mujer grande '몸집이 큰 여자' / la gran mujer '위대한 여자'
la casa nueva '새로 지은 집' / la nueva casa '이번 집(새로 이사 온 집)'
el amigo viejo '나이 든 친구' / el viejo amigo '오래된 친구'

3.6.3. 명사 앞에서 어미가 탈락되는 형용사들

1) 남성명사 단수형 앞에서 탈락되는 형용사: un(o), buen(o), mal(o), algún(o), ningún(o), primer(o), tercer(o)

Él es un buen amigo.
Hoy es el primer día de abril.
Algún día te voy a visitar.
Está de mal humor.
Hoy es el tercer aniversario de su boda.
Es un libro divertido.
No le hago ningún caso a ella.

비교	Ella es una buena amiga. Eres mi primera amiga en la universidad.

2) 남성명사와 여성명사 단수형 앞에서 탈락되는 형용사: gran(de)

gran hombre → grandes hombres
gran mujer → grandes mujeres

3) 모든 명사의 단수형과 복수형 앞에서 탈락되는 형용사: cien(to)

cien hombres
cien mujeres

4) 일부 남성명사의 단수형 앞에서 탈락하는 형용사: san(to)

San Diego, San Francisco, San Isidoro, San Juan

비교	Santa Bárbara, Santa María, Santa Mónica; Santo Domingo, Santo Tomás, ¡Santo cielo!

‖ 연습문제 ‖

1. 필요한 경우 괄호 안에 알맞은 전치사를 넣으시오.

❶ Ya sabemos ( ) hablar en español.

❷ Mañana voy ( ) ir a Madrid.

❸ ¿Puede ( ) ayudarme?

❹ Encantado ( ) conocerle a Ud.

❺ Aprendemos ( ) escribir en español en la clase.

❻ La profesora nos enseña ( ) nadar.

❼ Me alegro mucho ( ) verle a Ud.

❽ Por fin ella llega ( ) creer en mis palabras.

❾ Vengo ( ) hablar con Ud.

❿ Debemos ( ) leer muchos libros en la universidad.

⓫ Él desea ( ) casarse con ella.

⓬ ¿No quieres ( ) acompañarme al cine?

⓭ El profesor acaba ( ) salir de la clase.

⓮ Comenzamos ( ) hablar español poco a poco.

⓯ Empiezo ( ) confiar en ti.

2. 괄호안의 동사를 올바른 형태로 변화시키시오.

❶ ¿No __________(dar) vosotros propina al camarero?

❷ Mi abuelo siempre __________(dar) un paseo en este parque.

❸ Los edificios _________(dar) al lago.

❹ ¿Adónde _________(ir) tú ahora?

❺ Yo _________(ir) a ver un culebrón esta tarde.

❻ ¿Por qué no _________(ir) vosotras a ir a la fiesta de Navidad?

❼ ¿ _________(poder) yo abrir aquella caja?

❽ Tú no _________(poder) dominar el idoma español sin esfuerzos.

❾ Nosotros _________(pensar) ir de compras en coche.

❿ Los niños _________(pensar) en los juguetes.

⓫ ¿ _________(querer) vosotros beber cerveza?

⓬ ¿ _________(querer) tú una gabardina para este otoño?

⓭ Yo no _________(saber) dónde está la estación Chamartín.

⓮ Nosotros _________(saber) arreglar la moto.

⓯ Yo _________(tener) una impresora láser.

⓰ Vosotros _________(tener) que saber la verdad.

⓱ Yo _________(venir) aquí para buscar mis llaves.

⓲ ¿Por qué los Reyes Magos _________(venir) de Oriente?

⓳ Los niños _________(ver) la televisión durante mucho tiempo.

⓴ ¿ _________(ver) vosotros aquellos árboles?

3. 문법적으로 틀린 부분을 모두 바르게 고치시오.

❶ ¿Sabe Ud. Barcelona? - Todavía no la sé.

❷ ¿Sabes bien a Juan? - Sí, es mi amigo.

❸ Yo conozco tocar el piano.

❹ Conozco que ella es mexicana.

❺ ¿Conoces de dónde es él?

❻ ¿Por qué me dices en francés? No entiendo bien a ti.

❼ Ya sabemos a hablar bien español.

❽ ¿Por qué no queréis a hablarme la verdad?

❾ Te hablo que María quiere a ti.

❿ Te lo voy a regalar un ordenador portátil.

⓫ Mis padres me van a darlo a mí.

⓬ Le lo aviso a Carlos mañana por e-mail.

⓭ ¿Quieres ir conmigo o sinmigo?

⓮ Es un secreto entre ti y mí.

⓯ Todo el mundo lo dice excepto ti.

⓰ Me lavo mis manos.

⓱ Pedro se levanta a su hijo de la cama.

⓲ Yo le afeito a sí mismo.

⓳ La actriz casa con un torero famoso.

⓴ Alguno día voy a comprar ese coche.

Lección 04

4.1. 숫자 읽기 1
4.2. 시간 읽기
4.3. 날씨 표현
4.4. estar 와 hay

4.1. 숫자 읽기 1

4.1.1. 기수

• 0~999

0	cero				
1	uno	11	once	21	veintiuno
2	dos	12	doce	22	veintidós
3	tres	13	trece	23	veintitrés
4	cuatro	14	catorce	24	veinticuatro
5	cinco	15	quince	25	veinticinco
6	seis	16	dieciséis	26	veintiséis
7	siete	17	diecisiete	27	veintisiete
8	ocho	18	dieciocho	28	veintiocho
9	nueve	19	diecinueve	29	veintinueve
10	diez	20	veinte	30	treinta

주의

1. 16~29까지는 연음에 의해 주로 단일 단어로 쓴다: dieciséis(=diez y seis), diecisiete(=diez y siete); veintiuno(=veinte y uno), veintidós(=veinte y dos) 등.
2. -s로 끝나는 숫자들의 강세 표시: dieciséis, veintidós, veintitrés, veintiséis.

31 treinta y uno
32 treinta y dos
33 treinta y tres
34 treinta y cuatro
35 treinta y cinco
36 treinta y seis
37 treinta y siete
38 treinta y ocho
39 treinta y nueve

40 cuarenta
50 cincuenta
60 sesenta
70 setenta
80 ochenta
90 noventa
100 cien

101 ciento uno
102 ciento dos
103 ciento tres
104 ciento cuatro
.....
123 ciento veintitrés
135 ciento treinta y cinco
148 ciento cuarenta y ocho
176 ciento setenta y seis

200 doscientos
300 trescientos
400 cuatrocientos
500 quinientos
600 seiscientos
700 setecientos
800 ochocientos
900 novecientos

• 숫자 읽기 연습

136 ciento treinta y seis
257 doscientos cincuenta y siete
394 trescientos noventa y cuatro
501 quinientos uno
629 seiscientos veintinueve
713 setecientos trece
872 ochocientos setenta y dos
945 novecientos cuarenta y cinco

¿Cuánto es? -Son 132 (ciento treinta y dos) euros.

¿Cuánto vale? -Vale 2,63 (dos euros sesenta y tres céntimos 또는 dos con sesenta y tres) euros.

¿Cuánto valen estas tres camisas? -Valen 28,50 (veintiocho con cincuenta) euros.

¿Cuánto cuesta este libro?. -Cuesta 10,35 (diez con treinta y cinco) euros.

¿Cuánto cuestan estos dos libros? -Cuestan 20,47 (veinte con cuarenta y siete) euros.

¿Cuántos años tienes? -Tengo 19 (diecinueve) años.

¿Cuántos años llevas aquí en Seúl? -Llevo 15 (quince) años.

¿Cuál es tu número de teléfono?

-Es el 654-3547 (seis, cincuenta y cuatro, treinta y cinco, cuarenta y siete)

-Es el 02-428-8057 (cero, dos, cuatro, veintiocho, ochenta, cincuenta y siete)

-Es el 91-276-3543 (→ 912-763-543: nueve, doce, siete, sesenta y tres, cinco, cuarenta y tres)

-Es el 016-228-3152 (cero, dieciséis, dos, veintiocho, treinta y uno, cincuenta y dos)

-Es el 010-5745-3926 (cero, diez, cincuenta y siete, cuarenta y cinco, treinta y nueve, veintiséis)

Tu domicilio, por favor.

-Avda. de Séneca, s/n, 28040, Madrid (Avenida de Séneca, sin número, veintiocho cero cuarenta)

-C/Valderrodrigo, 4, 3º-A, 28035, Madrid (Calle Valderrodrigo, cuatro, tercero-A, veintiocho cero treinta y cinco)

-C/Rector Esperabé, 49, 37008, Salamanca (Calle Rector Esperabé, cuarenta y nueve, treinta y siete cero cero ocho)

주의

1. 100은 읽고 쓸 때나 남·여성 명사 앞, 자신보다 큰 수 (mil, millón 등) 앞에서는 cien이 된다. 자신보다 작은 수 앞에서는 ciento가 된다.
   100 = cien
   cien hombres
   cien mujeres
   cien mil euros
   cien millones de dólares
   101 = ciento uno
   110 = ciento diez

2. 200~900 숫자 중 100 단위 수는 수식하는 명사의 성에 일치시킨다.
   setecientos coreanos y quinientas españolas
   doscientas cincuenta y tres actrices
   cuatrocientos setenta y ocho mineros

3. uno는 남성명사 앞에서 어미 -o가 탈락하듯이 21, 31, 41...등에서도 어미가 탈락한다. (☞ 3.6. 형용사의 위치와 어미 탈락)
   veintiún alumnos
   treinta y un libros
   cuarenta y un euros
   ciento un modelos
   trescientos sesenta y un hombres

• 1.000 이상

1.000 mil	2.000 dos mil
1.001 mil uno	3.000 tres mil
1.002 mil dos	4.000 cuatro mil
1.003 mil tres	5.000 cinco mil
.....	.....
1.121 mil ciento veintiuno	10.000 diez mil
1.267 mil doscientos sesenta y siete	20.000 veinte mil
1.594 mil quinientos noventa y cuatro	30.000 treinta mil
1.998 mil novecientos noventa y ocho	190.000 ciento noventa mil

백만 un millón	2백만 dos millones
3백만 tres millones	4백만 cuatro millones
.....	
천만 diez millones	2천만 veinte millones
1억 cien millones	10억 mil millones
100억 diez mil millones	1.000억 cien mil millones
1조 un billón	

'천'은 un mil이 아니라 mil인 반면, '백만'은 명사이므로 un millón으로 쓰고 뒤에 명사가 올 경우 de를 붙인다. 숫자가 나오는 경우에는 de를 붙이지 않는다.

mil personas
un millón de habitantes
dos millones de euros
un millón ciento diez mil dólares
un millón tres mil estudiantes
Seúl tiene unos diez millones de habitantes.
Busan tiene tres millones setecientos mil habitantes.

주의

천 단위를 표시할 때 우리나라에서는 coma (,)를 사용하지만 스페인어 권에서는 punto (.)를 사용한다. 반대로, 소숫점의 경우에는 punto (.) 대신 coma (,)를 사용한다.

2.300 dólares

1.400.000 euros

3,14 = tres coma catorce

2,16% = dos coma dieciséis por ciento.

비교

구체적인 숫자가 아니라, 막연하게 '수 백 명, 수 천 명' 등이라면, 아래와 같이 쓴다.

몇 명 unas mujeres / unos hombres

약 20 (~90)명 unas veinte (~noventa) personas

수 십 명 decenas de personas

수 백 명 cientos de personas

수 천 명 miles de personas

수 만 명 decenas de miles de personas

수 십 만 명 cientos de miles de personas

수 백 만 명 millones de personas

수 천 만 명 decenas de millones de personas

수 억 명 cientos de millones de personas

수 십 억 명 miles de millones de personas

※ decenas 대신에 docenas, cientos 대신에 centenares로 바꾸어 쓸 수 있다.

4.1.2. 서수 1: 첫 번째~열 번째

첫 번째 primero,-a(s)	여섯 번째 sexto,-a(s)
두 번째 segundo,-a(s)	일곱 번째 séptimo,-a(s)
세 번째 tercero,-a(s)	여덟 번째 octavo,-a(s)

네 번째 cuarto,-a(s) 아홉 번째 noveno,-a(s)
다섯 번째 quinto,-a(s) 열 번째 décimo,-a(s)

Mi primer libro de gramática española.
La lección primera (= La lección 1 (uno)) es muy fácil.
El capítulo séptimo (= El capítulo 7 (siete)) es sobre la cultura española.
El rey de España es Felipe VI (Sexto).
Isabel II (segunda) es una reina muy famosa.
La Segunda Guerra Mundial.

4.2. 시간 읽기

¿Qué hora es? -Es la una.
-Son las tres.
¿Tienes hora? -Son las cuatro.
¿A qué hora te levantas? -Normalmente me levanto a las siete.
¿A qué hora llegas a la escuela? -Llego a las nueve en punto.
¿Qué hora es? -Es la una y cuarto de la mañana.
-Son las tres y media de la tarde.
-Son las diez menos veinte de la noche.
¿Cuándo termina tu clase? -Termina a las cinco menos diez.
¿Qué hora es ahora? -Son las nueve menos veinte.

Ella siempre me llama por teléfono por la noche.
Un vecino llama a la puerta por la mañana para despertarme.
¿A qué hora te acuestas? -Me acuesto a eso de las once.
¿Cuándo me vas a llamar? -Te llamo más o menos a las diez, ¿vale?

비교

hora와 tiempo

「구체적인 시간」에는 hora를, 「광범위한 시기」나 「일반적인 시간」, 「날씨」에는 tiempo를 쓴다.

Ya es hora de descansar.
Ya estamos en el tiempo de la cosecha.

¿Tienes hora? (=¿Qué hora es?)
¿Tienes tiempo? (=¿Estás libre?)

¿Qué hora es? (o)
¿Qué tiempo es? (x)

No tengo tiempo de hacerlo. (o)
No tengo hora de hacerlo. (x)

Hoy hace buen tiempo. (o)
Hoy hace buena hora. (x)

4.3. 날씨 표현

일반적으로 날씨를 표현할 때는 hacer 동사의 3인칭 단수형과 해당 명사를 함께 사용한다. 그러나 구체적인 인칭 주어가 '춥다, 덥다' 등을 표현할 때는 tener 동사를 쓴다.

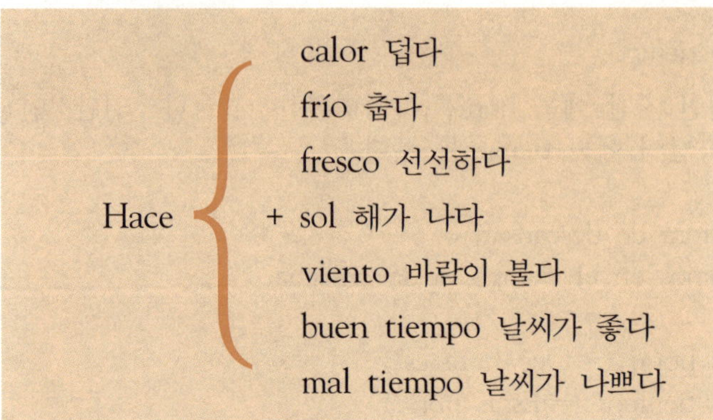

¿Qué tiempo hace hoy?
Hoy hace buen tiempo.
Hoy hace mal tiempo.
Hace frío.
Hace calor.
Hace un calor pegajoso en verano.
Hace demasiado frío en la playa.
Hace mucho viento en Andalucía.

Tengo frío.
Tenemos calor.

날씨를 표현할 때 「hace+명사」형태만 쓰는 것은 아니다. 예를 들어 '비가 오다', '눈이 오다' 등의 표현은 각각 동사 llover와 nevar를 쓰며, 경우에 따라서는 ser나 estar, 또는 hay를 쓰기도 한다.

Llueve mucho ahora.
Va a nevar mañana.
Hoy es agradable.
El cielo está despejado.

El cielo está nublado / nuboso.
Hoy sopla mucho.
Hay nubes.
Hay niebla.

4.4. estar와 haber(hay)

hay는 haber의 비인칭 형태로서 estar와 더불어 「존재」를 나타낼 때 쓰인다. 두 동사의 차이점은 해당 명사구가 특정적인 경우는 estar를, 비특정적 의미일 때는 hay를 쓴다는 것이다. 따라서 hay 다음에 일반적으로 「정관사」나 「고유명사」 등은 올 수 없다.

¿Dónde estás, Eduardo? -Estoy aquí.
¿Dónde están los libros? -Están en el escritorio.
¿Dónde está Marruecos? -Está en África.
Mañana debemos estar en Costa Rica.

¿Hay un libro por allí? -Sí, hay uno aquí.
¿Hay muchas personas en la casa? -Sí, hay muchas.
¿Qué hay? -Nada de particular.

Hay la maleta en la mesa. (x)
¿Hay María en esta clase? (x)

참고

1. 최상급 표현에서 쓰이는 정관사는 특정적 의미가 아니므로 hay 구문에서 사용 될 수 있다.

No hay la menor duda.

No hay la menor prueba sobre el accidente.

En esta tienda hay el mejor café del mundo.

2. hay 구문의 명사구를 목적격 대명사로 받을 수 있다. 이는 hay 구문의 명사구가 문법적으로 목적어임을 의미한다.

¿Hay unos libros en la mesa? - Sí, (los) hay.

¿No hay cafeteías en este barrio? - No, no (las) hay.

3. 「tener que + inf.」는 문장의 주어가 '~해야 한다'는 뜻으로 쓰이는 반면에, 「hay que + inf.」는 '(일반적으로) ~해야 한다'는 뜻이다.

Tenemos que preparar el futuro. 우리는 미래를 준비해야만 한다.

Hay que obedecer la ley. 법을 준수해야만 한다.

‖ 연습문제 ‖

1. 다음 숫자들을 큰 소리로 읽으시오.

❶ 3.952

❷ 6.081

❸ 5.296

❹ 19.572

❺ 38.219

❻ 56.938

❼ 827.365

❽ 2.639.028

❾ 3.784.210

❿ 19.628.842

⓫ 485.018.593

⓬ 2.539.611.264.072

2. 다음을 읽고 쓰시오.

❶

02-5324-0610	052-463-2789	041-572-3325
915-195-583	91-452-04-00	34-923-294-400

❷ C/5 de Febrero, Nº 629, Depto. 102, Col. Álamos, C.P. 03400, Distrito Federal, México.

❸ Plza Arriba España, 3, 28002, Madrid.

❹ C/Misiones, 122, C.P. 1083, Cap. Fed., Buenos Aires.

3. 다음 빈칸을 estar나 haber의 올바른 형태로 채우시오.

❶ ¿Dónde _________ los libros? _________ en el escritorio.

❷ ¿_________ muchas personas en la casa? No, solo _________ una.

❸ Va a _________ guerra.

❹ ¿Dónde _________ Costa Rica? _________ en América Central.

❺ Hoy _________ mucha niebla.

❻ En Madrid _________ muchos museos.

❼ No _________ otro remedio.

❽ El Hotel Cervantes _________ en la Ciudad de México.

❾ En Bogotá _________ muchas iglesias.

❿ La Sagrada Familia _________ en Barcelona.

⓫ Ellos _________ enamorados.

⓬ En la casa _________ cuatro sillas.

⓭ ¿_________ abierto el banco?

⓮ ¿_________ Carlos en casa?

⓯ No _________ la menor duda.

⓰ Mañana debemos _________ en Asunción.

⓱ No _________ tal muchacha como ella.

⓲ _________ que decírselo.

⓳ Aquí no _________ mucho espacio para poner todos.

⓴ Las barreras _________ en nuestra mente.

4. 문법적으로 틀린 부분을 모두 바르게 고치시오.

❶ Te voy a llamar a las diez de esta noche.

❷ Tengo un examen de gramática mañana de la tarde.

❸ En la clase de conversación hay veintiunas alumnas.

❹ ¿Cuánto es? Es diez euros.

❺ Madrid tiene más de tres millones habitantes.

❻ En la plaza hay un mil doscientos hombres.

❼ Trescientas miles personas escuchan la noticia.

❽ En mi casa tengo nuevecientos fotos de España.

❾ Hoy hace muy caliente.

❿ Hace mucha nieve en Sierra Nevada.

⓫ Barcelona está a más de un mil kilómetros de Sevilla.

⓬ La cuatro lección es muy difícil para mí.

⓭ El rey de España es don Juan Carlos uno.

⓮ No tenemos mucha hora para preparar la lección.

⓯ Este libro es el dos volumen de Don Quijote.

⓰ El triángulo isósceles rectángulo tiene un ángulo recto (90°), y los otros segundos ángulos iguales.

⓱ En Corea hace muy frío en invierno.

⓲ En esta cafetería esos camareros trabajan de la una a las seis.

⓳ Mañana va a estar muchas nubes.

⓴ ¿A cuántos wones equivalen ciento euros?

Lección 05

5.1. 의문사
5.2. 계절과 월
5.3. 요일과 날짜
5.4. 의미상의 주어를 간접목적격으로 쓰는 동사들
5.5. 접속사 y와 o의 변이

5.1. 의문사

5.1.1. Quién

"누구"에 해당하는 의문대명사로 수 변화만 한다.

¿Quién es él? -Es mi profesor de español.

¿Quiénes son ellas? -Son mis amigas.

¿Con quién hablo? -Habla con Juan.

Aló. ¿Puedo hablar con Josefina? -¿De parte de quién?

¿De quién es esta mochila? -Es de Marta.

5.1.2. Qué

"무엇(의)"에 해당하는 의문사로 대명사와 형용사로 모두 쓰이며, 성·수 변화를 하지 않는다.

¿Qué quieres comer? -Quiero comer patatas.

¿A qué hora piensas volver a casa? -A las diez y media.

¿Qué idiomas sabes hablar? -Hablo español, inglés y francés.

¿Qué problema tienes? -Pues, nada.

5.1.3. Cuál

"어느 것"에 해당하는 의문사로, 수 변화만 한다. 일부 지역에서 의문형용사로 쓰이기도 하지만 일반적으로는 의문대명사로 사용된다.

¿Cuál es tu nombre? -Mi nombre es Carlos.
¿Cuáles son los derechos y responsabilidades como ciudadano?
¿Cuál (de estos coches) prefieres, el rojo o el blanco?
¿A cuál de estos políticos va a votar?

비교

qué와 cuál

1. 의문 대상에 대한 일반적인 정보나 개념을 알고자 할 때는 qué가, 선택의 의미를 나타내고자 할 때는 cuál이 주로 사용된다.
   ¿Qué quiere decir esto?
   ¿Qué es la ciencia humana?
   ¿Cuál de estas marcas vas a elegir?
   ¿Cuál de las siguientes oraciones es correcta?

2. cuál은 주로 대명사로 사용되므로, 「qué+명사」 형태로 이를 대신할 수 있다.
   ¿Cuál (de estos libros) vas a leer?
   ¿Qué libro (de estos) vas a leer?

   ¿Cuál es la fecha de hoy?
   ¿Qué fecha es hoy?

5.1.4. Cuánto

"얼마만큼"에 해당하는 의문사로, 의문 대명사, 의문 부사 및 의문 형용사로 모두 쓰이며, 성·수 변화를 한다. 수와 양을 모두 나타낸다.

¿Cuánto es? - Son diez euros.
¿Cuánto tiempo hace que no llueve? - No llueve desde hace un mes.
¿Cuántos años tienes? - Tengo 19.

5.1.5. Cuándo

"언제"에 해당하는 의문부사로 성·수 변화를 하지 않는다.

¿Cuándo va a dar a luz? -A principios de octubre.
¿Hasta cuándo tengo que aguantarte? -Para siempre.
No sé cuándo viene ese conserje.

5.1.6. Dónde

"어디"에 해당하는 의문부사로 성·수 변화를 하지 않는다.

¿Dónde está Juan? -Está en el jardín.
¿De dónde eres? -Soy de Panamá.
¿En dónde se encuentra Portugal? -Se encuentra al oeste de España.

참고

전치사 a와 함께 쓰이는 경우는 Adónde 형태로 쓴다.

¿Adónde vas tan deprisa?
¿Adónde vamos?

5.1.7. Por qué

"왜"에 해당하는 의문부사로 성·수 변화를 하지 않는다. 반드시 por와 qué를 띄어 쓴다. 그러나 접속사(porque)로 쓰이는 경우는 붙여 쓴다.

¡Por qué tiene cara de sueño? -Porque estoy muy cansado.
¡Por qué estás de mal humor? -Porque tengo dolor de cabeza.
¡Por qué no damos un paseo? -Muy bien. Vamos.

주의

상기 의문사들이 주어와 함께 나타날 때 일반적으로 「의문사+주어+동사」 어순으로는 쓰이지 않는다. 단, Por qué의 경우는 「의문사+주어+동사」 어순도 허용한다.

¿A quién conoce Eduardo? (o)
¿A quién Eduardo conoce? (x)
¿Qué carácter tiene esa mujer? (o)
¿Qué carácter esa mujer tiene? (x)
¿Cuándo se retira el ejército? (o)
¿Cuándo el ejército se retira? (x)
¿Por qué se ríe la gente? (o)
¿Por qué la gente se ríe? (o)

5.1.8. Cómo

"어떻게"에 해당하는 의문부사로 성·수 변화를 하지 않는다.

¿Cómo le va? -(Me va) Bien, gracias.
¿Cómo le pago? ¿En efectivo o con tarjeta de crédito? -Da igual.
¿A cómo está hoy el euro? -A 1.500 wones.
¿Cómo(=Por qué) no me lo das? -Porque no lo tengo ahora.

5.2. 계절과 월

5.2.1. 계절

주어나 목적어로 쓰이는 경우에는 관사를 동반한다.

Un año tiene cuatro estaciones: primavera, verano, otoño e invierno.
La primavera es mi estación favorita.
Siempre esperamos el verano, porque podemos ir de camping.
En nuestro país dicen que el otoño es la estación de los hombres.
Mi estación favorita es invierno, porque puedo esquiar.

부사구로 쓰이는 경우, 일반적인 의미일 때는 관사를 쓰지 않으나, 구체적으로 한정되는 경우에는 관사를 동반한다.

En primavera hay muchas flores.
En verano llueve mucho.
En otoño los árboles cambian de color.
En invierno nieva mucho.
¿En qué estación estamos? -Ya estamos en verano.

Ellos van a casarse (en) la próxima primavera.
Voy a visitarle (en) el otoño que viene.
Cervantes nace el otoño de 1547 en Alcalá de Henares.
La Guerra Civil Española ocurre el verano de 1936.

5.2.2. 월

주어로 쓰이든 목적어나 부사구로 쓰이든 관사를 붙이지 않는다.

Un año tiene doce meses: enero, febrero, marzo, abril, mayo, junio, julio, agosto, septiembre, octubre, noviembre y diciembre.

Febrero tiene solo 28 días.
Julio y agosto tienen 31 días.
Enero es el primer mes del año.
Diciembre es el último mes del año.
Diciembre, enero y febrero corresponden al invierno.

La primavera abarca marzo, abril y mayo.
Aún recordamos marzo de 1919.
No podemos olvidar la pasión y el fervor de junio de 2002.

¿En qué mes estamos? -Estamos en mayo.
Viajamos por México en septiembre.
Voy a Los Ángeles en octubre.
La fiesta tiene lugar en noviembre.
El otoño empieza en septiembre.
En octubre de 1492 Cristóbal Colón descubre el Nuevo Mundo.
Fernando de Magallanes llega a las Filipinas en abril de 1512.

5.3. 요일과 날짜

5.3.1. 요일

Una semana tiene siete días: lunes, martes, miércoles, jueves, viernes, sábado y domingo.

¿Qué día es hoy? -Hoy es martes; mañana, miércoles, y pasado mañana, jueves.

주의

1. "~요일에/~날짜에"처럼 부사구로 쓰이는 경우 전치사 없이 관사만 쓴다.
   Ellos van a venir el 28 de mayo.
   Te lo devuelvo el lunes.
   Ellos van a llegar el sábado.
   Te llamo por teléfono la semana próxima.
   Ellos van a regresar el año que viene.

2. ¿Qué fecha es?는 날짜를 묻는 데만 쓰이지만, ¿Qué día es?는 날짜와 요일, 특정일을 묻는 데 모두 쓰이기도 한다.
   ¿Qué fecha es hoy? -Hoy es 13 de febrero. (o)
   ¿Qué fecha es hoy? -Hoy es domingo. (x)
   ¿Qué día es hoy? -Hoy es jueves, 12 de octubre. (o)
   ¿Qué día es mañana? -Mañana es 10 de agosto. (o)
   ¿Qué día es mañana? -Mañana es el Día del Niño. (o)

5.3.2. 날짜

일반적인 경우에는 관사를 생략하지만 특정 날짜를 지칭할 때는 관사를 쓴다.

¿Qué fecha es hoy? - Hoy es 20 de abril.
¿Cuál es la fecha de hoy? - Hoy es 5 de mayo.
¿A cuántos estamos hoy? - Estamos a 15 de junio.
(또는 - Estamos a dos grados bajo cero.)

El Día de la Independencia es el 15 de agosto.
Mis padres vienen el 20 de septiembre.
El primero de marzo es un día festivo.
El 27 de noviembre es mi cumpleaños.
Hoy es el primero de mayo.
(= Hoy es el primer día de mayo.)
(= Hoy es uno de mayo.)

5.4. 의미상의 주어를 간접목적격으로 쓰는 동사들

의미상의 주어는 간접목적격으로 나타나고, 문법상의 주어는 의미상의 목적어로 쓰는 동사들이다. 형식상 이 종류의 동사들은 3인칭 단복수 형태가 주로 쓰인다. 가장 대표적인 동사가 gustar이므로, 일명 'gustar류의 동사들'이라 부른다 (gustar, doler, encantar, extrañar, importar, interesar 등).

Me gusta jugar al tenis.
¿Te gustan esos chicos? - No, a mí no me gustan.

A ella le duele la cabeza.
Me duele el estómago.
Me encanta el helado de chocolate y fresa.
Juan sale con Carmen. - No me extraña.
A mí me importa preparar la lección para mañana.
Lo siento - No me importa.
A mí no me interesa eso.

주의

이 동사들이 반드시 3인칭 단·복수로만 쓰이는 것은 아니다.
¿No te gusto? -No, no me gustas tú.
¿Por qué no te gustamos? -Porque sois muy antipáticos.

다음 동사들도 gustar처럼 쓰이는 경우가 있다 (dar, hacer, ir, molestar, parecer, quedar, sonar 등).

Me da miedo ir al dentista. (= Tengo miedo de ir al dentista.)
Me da asco.
Me hace falta un mes. (= Necesito un mes.)
¿Cómo te va? -Me va bien.
¿Te molesta bajar el volumen de la televisión? -No, no me molesta.
¿Qué te parece esa minifalda? -Muy bien. Me parece muy bonita.
Me quedan solo tres euros.
¿Cómo te suena? -Me suena muy raro.

비교	주어에 따라 인칭 변화를 한 예 Tú me das mucha alegría. Siempre yo hago la cama. (☞ 6.1.) Ahora tú me molestas mucho, ¿sabes? Pareces muy enfadada conmigo. Hoy nos quedamos en casa. Ella se suena la nariz a la mesa.

5.5. 접속사 y와 o의 변이

접속사 y와 o는 동일한 발음으로 시작되는 단어 앞에서는 각각 e와 u로 철자가 바뀐다.

María e Inés　　catedral e iglesia
padre e hijo　　madre e hija

siete u ocho (=7 u 8)　　oriente u occidente
flor u hoja　　familia u hogar

그러나 다음 경우에는 접속사 y의 철자가 변하지 않는다. 그 이유는 접속사 뒤에 오는 단어의 첫 음절 hi-가 모음 a 또는 e 앞에 올 때 hi-는 자음 [y]로 발음 되기 때문이다. 따라서, 비록 첫 음이 hijo, hígado, hilo 등과 유사하더라도 철자만으로 판단해 실수하지 않도록 주의해야 한다.

agua y hielo　　plomo y hierro
flor y hierba　　diptongo y hiato

‖ 연습문제 ‖

1. 필요한 경우 의미에 맞게 괄호 안을 적절하게 채우시오.

❶ Este domingo 31 de octubre en México concluye el Horario de (　　) Verano.

❷ No tenemos clase (　　) lunes próximo.

❸ Dicen que (　　) mayo es la reina de los meses.

❹ Voy a viajar por España en (　　) agosto.

❺ Miguel de Cervantes escribe Don Quijote en (　　) 1605.

❻ El primer día de la semama es (　　) lunes.

❼ ¿En qué mes estamos? -Estamos en (　　) mayo.

❽ ¿A cuántos estamos hoy? -Estamos a (　　) 20 de junio.

❾ Hoy es (　　) primer día de mayo.

❿ El Día de los Reyes Magos es (　　) 6 de enero.

2. 빈 칸에 적절한 의문사를 넣으시오.

❶ ¿__________ día es mañana?

❷ ¿__________ te pasa? No tienes buen aspecto.

❸ ¿En __________ calle vives?

❹ ¿__________ son estos jóvenes?

❺ ¿__________ tiempo hace que conoces a María?

❻ ¿__________ es la diferencia entre una maleta y un maletín?

❼ ¿De ________ marca es este coche?

❽ ¿Sabes de ________ viene el refrán "No hay quinto malo"?

❾ Señora, ¿en ________ puedo servirle?

❿ ¿________ de los dos prefieres?

3. 표현이 어색하거나 문법적으로 틀린 부분을 바르게 고치시오.

❶ Hoy es el sábado, 6 de enero de 2011.

❷ ¿Qué fecha es hoy? -Hoy es miércoles.

❸ Podemos esquiar en el diciembre.

❹ Él va a ir al cine en este domingo con Marta.

❺ El mayo es mi mes favorito.

❻ El primer tren parte en las 5 de la madrugada.

❼ Mis padres van a volver en año que viene.

❽ ¿Cuál libro quieres leer?

❾ ¿A qué piensas tú?

❿ Pensamos ir de picnic en el próximo sábado.

⓫ ¿Qué años tienes? -Tengo 19.

⓬ Su carácter es de lobo e hiena.

⓭ ¿Qué es tu libro entre estos?

⓮ María se parece muy cansada.

⓯ Me gusta mucho tú.

⓰ El campesino va a hacer un invernadero en el jardín con cristal e hierro.

⓱ Nos hacen falta un neumático.

⓲ ¿A vosotros queda mucho dinero?

⓳ A María y Isabel les encanta el helado de vainilla.

⓴ La enfermera dice que en la sala de espera hay siete o ocho enfermos.

Lección 06

6.1. 불규칙 동사들의 직설법 현재 2
6.2. 관계대명사 1: que와 quien
6.3. 주요 국명과 형용사

6.1. 불규칙 동사들의 직설법 현재 2 (hacer, poner, salir, jugar, pedir)

6.1.1. 동사 변화

hacer: hago, haces, hace, hacemos, hacéis, hacen
poner: pongo, pones, pone, ponemos, ponéis, ponen
salir: salgo, sales, sale, salimos, salís, salen
jugar: juego, juegas, juega, jugamos, jugáis, juegan
pedir: pido, pides, pide, pedimos, pedís, piden

Te voy a hacer un traje especial para la boda.
La película nos hace recordar el terrible terremoto en el sureste de Asia.
Si no me haces caso, hago la maleta y me largo de aquí.
Hace dos años que trabajo en esta empresa.
Hace mucho tiempo que no te veo.

Juan pone los libros en la mesa.
El policía le pone una multa por correr demasiado.
Marta le pone a su hija el vestido azul.
Me pongo el abrigo y voy de compras.

¿A qué hora salís? Salimos a las nueve en punto.
Mi madre sale de compras al centro todos los sábados.
Salgo con Pepe, aunque todavía no digo nada a mis padres.
Después de una tormenta, siempre sale el sol.

Los jugadores de la Liga juegan muchos partidos en cada temporada.
Mañana jugamos al fútbol en la cancha.
Él juega cien euros en la lotería de Navidad.
Jugar limpio es importante en la competición.

Te pido perdón.
Me piden permiso.
Tú me pides disculpas, pero no puedo aceptarlo.

6.1.2. 불규칙 동사들

1) 어간 모음 o>ue 변화 동사들 (☞ 3.1. poder)

[1변화] encontrar, almorzar, acordar, colgar, contar, costar, rogar, mostrar, demostrar, recordar, sonar, soñar 등
[2변화] volver, mover, soler, llover, morder 등
[3변화] dormir, morir 등

El abogado encuentra a Isabel en un restaurante.
El Guernica se encuentra en el Museo de la Reina Sofía.
¿Cómo se encuentra Ud.? -Me encuentro bien.
¿Cuánto cuesta este pantalón? -Cuesta 50 euros.
Suena el timbre del teléfono.
Marisol cuelga un cuadro en la pared.
¿Te acuerdas de mí? -Claro que sí te recuerdo.
¿Cuándo almorzáis? -Almorzamos a mediodía.
Yo siempre sueño contigo.
Ella sueña en llegar a ser profesora.

Volvemos a casa sin decirle nada.

Vuelvo de Madrid a las siete de la tarde.

Marta vuelve a cantar en voz alta.

Me vuelvo loco.

Suele llover en verano.

El perro lo muerde.

No duermen toda la noche.

El Patito Feo duerme en la cuna.

Me muero de hambre.

2) 어간 모음 e>ie 변화 동사들 (☞ 3.1. pensar)

[1변화] empezar, comenzar, confesar, negar, sentarse 등

[2변화] entender, querer, perder 등

[3변화] preferir, sugerir, sentir 등

Desde marzo yo comienzo a estudiar español.

El seminario empieza la próxima semana.

Hoy no pienso salir.

Ella siempre piensa en mí.

Ellos se sientan a la mesa.

Isabel entiende inglés y francés.

En Las Vegas mucha gente pierde su dinero.

Prefiero los bombones.

Lo siento mucho.

Él no siente vergüenza.

3) 어간 모음 e>i 변화 동사 (☞ 6.1.1. pedir)

[3변화] seguir, conseguir, servir, impedir, despedir, elegir, reír, repetir, vestir 등

Él siempre sigue la instrucción del profesor.
El camarero nos sirve los platos.
Ese libro me sirve mucho.
¿Para qué sirve esta máquina?
¿Te ríes de mí?
Me visto de traje de etiqueta.
Elijo uno de estos sobres.

6.2. 관계대명사 1: que와 quien

6.2.1. que

스페인어의 가장 대표적인 관계대명사이다. 성·수 변화를 하지 않으며 선행사가 사물 또는 사람인 경우 모두 사용된다.

El profesor que nos enseña gramática es simpático.
Me gusta la pintura que está en la pared.
Tengo un hermano que tiene 15 años.

La chica, que habla con Juan, es mi prima.
El libro, que está en la mesa, es de mi amigo.
Tengo un hermano, que tiene 15 años.

선행사가 사물이든 사람이든 que가 전치사를 동반할 때는 전치사 뒤에 선행사에 해당하는 정관사를 동반하는 것이 원칙이다.

El bolígrafo con el que escribo cuesta mucho.

Los temas de los que trata este libro son útiles.
Voy a comprar la casa en la que vive Juan.
Es la razón por la que no asistimos a la reunión.
Allí está la empresa para la que trabajo.

No me gusta el cantante del que me hablas.
Irene no conoce al hombre con el que María va a casarse.
Voy a invitar a la cena al señor en el que piensas.

주의

que가 전치사를 동반하는 경우, 선행사가 사물일 때는 문맥과 상황에 따라 정관사가 생략될 수도 있다. 예를 들어 선행사가 장소, 시간을 나타내는 명사일 때 정관사가 생략된 en que의 형태는 빈번히 사용된다. 그러나 선행사가 사람일 때 전치사와 관계대명사 사이의 정관사는 생략될 수 없다.

Juan vende la casa en que vive con su mamá.
A veces llega un momento en que me siento viejo.

Es la razón por que no asistimos a la reunión. (x, → por la que)
Allí está la empresa para que trabajo. (x, → para la que)
La mesa sobre que está la flor es de mi prima. (x, → sobre la que)

No me gusta el cantante de que me hablas. (x, → del que)
Irene no conoce al hombre con que María va a casarse. (x, → con el que)
Voy a invitar a la cena al señor en que piensas. (x, → en el que)
No me acuerdo de las chicas a que saludas. (x, → a las que)

6.2.2. quien

선행사가 사람인 경우 사용되며, 필요에 따라 전치사를 동반할 수 있다. 선행사에 따라 단·복수 변화를 한다.

El periodista a quien visito escribe artículos sobre viajes.
La actriz con quien sale Juan es cubana.
El señor de quien habláis ahora es mi abuelo.

주격인 경우에는 설명적 용법으로만 쓰인다. 이때는 que로 교체될 수 있다.

Mi hermano, quien es bombero, sabe conducir el camión. (o)
Mi hermano quien es bombero sabe conducir el camión. (x)
Mi hermano, que es bombero, sabe conducir el camión. (o)
Mi hermano que es bombero sabe conducir el camión. (o)

'~하는 사람(들)' 이라는 의미로 선행사를 포함하는 경우에도 쓰인다.

Quien habla mucho sabe poco.
A quien madruga, Dios le ayuda.
Son Uds. quienes deben estudiar mucho para el futuro.
Soy yo quien te ama de verdad.

주의

선행사가 「사람으로서 관계절 동사의 직접목적어」일 때는 전치사 a없이 que만 쓸 수도 있다. 이 경우 전치사를 쓰고자 하면 반드시 el que 형이나 quien을 써야 한다.

El señor que respetamos es el profesor Eugenio. (o)

El señor al que respetamos es el profesor Eugenio. (o)

El señor a quien respetamos es el profesor Eugenio. (o)

그러나 선행사가 관계절 동사의 간접목적어 일 때는 전치사 a의 사용이 필수적이다. 이 경우 반드시 el que 형이나 quien을 써야한다.

Es la directora a quien queremos dar este regalo. (o)

Es la directora a la que queremos dar este regalo. (o)

Es la directora a que queremos dar este regalo. (x)

Es la directora que queremos dar este regalo. (x)

6.2.3. 관계대명사의 제한적 용법과 설명적 용법

관계절은 선행사의 의미를 한정시키는 제한적 용법(restrictivo o especificativo)과 이미 의미적으로 구체화되어 있는 선행사를 설명하는 설명적 용법(explicativo)으로 구분된다. 설명적 관계절에서는 선행사와 관계사 사이가 콤마(,)로 분리되지만, 제한적 관계절에서는 콤마가 나타나지 않는다. 따라서 문자가 아닌 음성으로 표현할 때도 도중에 쉬거나 쉬지 않음으로서 두 용법의 관계절을 구분해야 한다.

Los alumnos que me conocen hablan bien de mí.
(← 나를 알지 못하는 학생들도 있다는 의미)
Los alumnos, que me conocen, hablan bien de mí.
(← (특정) 학생들이 모두 나를 안다는 의미)

따라서 「고유명사」나 「인칭대명사」처럼 선행사가 특정적 의미를 나타내는 관계절에서는 설명적 용법만 사용된다.

Allí está el señor López, que es mexicano.
No quiero trabajar con ella, de la que siempre hablan mal.
Conozco a Irene, con quien va a casarse Juan.

6.3. 주요 지명 및 국명과 그 형용사

Asia	asiático,-a
China	chino,-a
Corea	coreano,-a
Corea del Sur	surcoreano,-a
Corea del Norte	norcoreano,-a
India	indio,-a
Irak	iraquí
Japón	japonés,-sa
Europa	europeo,-a
Alemania	alemán,-na
España	español,-la
Francia	francés,-sa
Inglaterra	inglés,-sa
Italia	italiano,-a
Portugal	portugués,-sa

América	americano,-a
Argentina	argentino,-a
Bolivia	boliviano,-a
Brasil	brasileño,-a
Chile	chileno,-a
Colombia	colombiano,-a
Costa Rica	costarricense (costarriqueño,-a)
Cuba	cubano,-a
Ecuador	ecuatoriano,-a
El Salvador	salvadoreño,-a
(los) Estados Unidos	estadounidense
Guatemala	guatemalteco,-a
Honduras	hondureño,-a
México	mexicano,-a
Nicaragua	nicaragüense
Panamá	panameño,-a
Paraguay	paraguayo,-a
Perú	peruano,-a
Puerto Rico	puertorriqueño,-a (portorriqueño,-a)
Uruguay	uruguayo,-a
Venezuela	venezolano,-a

‖ 연습문제 ‖

1. 괄호 안에 알맞은 관계대명사를 넣으시오.

❶ El profesor (   ) saludan ellas es mi cuñado.

❷ La oficina (   ) trabaja Pedro está en Seúl.

❸ Marta, (   ) es mi mejor amiga, vuelve de México.

❹ Los jóvenes son (   ) deben luchar por la patria.

❺ Mi hermano (   ) vive en Busan sabe tocar el piano.

❻ Conozco al cantante (   ) quieres regalar un anillo.

❼ No me gusta la chica (   ) se enamora Juan.

❽ Aquí venden el libro (   ) me refiero.

❾ (   ) no se ama a sí mismo no puede amar a nadie.

❿ El chico (   ) entra es mi primo.

⓫ Aquella es la estudiante (   ) te hablo.

⓬ María come los plátanos (   ) están maduros.

⓭ Es la empresa (   ) trabaja mi padre.

⓮ Los alumnos (   ) hablas son mexicanos.

⓯ Vive aquí el diputado (   ) voy a visitar.

2. 괄호안의 동사를 올바른 형태로 변화시키시오.

❶ Mi mamá __________(hacer) el desayuno para nosotros.

❷ Yo no __________(hacer) la cama todos los días.

❸ _________(hacer) dos semanas que no voy al gimnasio.

❹ ¿No _________(poner) vosotros azúcar en el café?

❺ Hoy yo no _________(ponerse) el suéter porque hace calor.

❻ ¿Cuántos años me _________(poner) tú? Te _________(poner) 24.

❼ ¿Qué _________(poner) hoy en la televisión?

❽ Nosotros _________(salir) a jugar a la nieve.

❾ Yo no _________(salir) más con esa chica, porque tiene mucho genio.

❿ ¿_________(jugar) vosotras al golf?

⓫ El fiscal _________(jugar) un papel importante para resolver el caso.

⓬ Nosotros no _________(pedir) la pizza pequeña sino la grande.

⓭ ¿Me _________(pedir) tú disculpas?

⓮ Los conserjes _________(almorzar) ahora en la cafetería.

⓯ El gobierno __________(acordar) con los partidos de la oposición para frenar la subida de la luz.

⓰ Mi hermano _________(colgar) la ropa en una percha.

⓱ Mis abuelos me _________(contar) su viaje.

⓲ Yo _________(soler) navegar por Internet en casa

⓳ La desigualdad _________(impedir) el avance de nuestra sociedad.

⓴ La cebolla me _________(repetir).

3. 문법적으로 틀렸거나 어색한 부분을 모두 바르게 고치시오.

❶ Hoy no pienso a ir a la escuela.

❷ Ella empieza leer la lección en voz alta.

❸ Queremos hacer el fútbol después de la clase.

❹ Los pájaros vuelven cantar en el bosque.

❺ La persona quien habla mucho sabe poco.

⑥ El señor con que habla contigo es mi tío.

⑦ El boli que escribo es de España.

⑧ Eres tú que me puede decir la verdad.

⑨ La mochila de que hay muchos libros es de mi hermana.

⑩ La actriz quien sale con Juan es cubana.

⑪ Victoria es la actriz quien queremos regalar esta flor.

⑫ La casa en que quieren comprar mis padres es muy antigua.

⑬ Mi hermano quien vive en los EE.UU. vuelve a casa durante las vacaciones.

⑭ Es el motivo por que va a participar en la manifestación.

⑮ Perro quien ladra no muerde.

4. 다음 지명에 해당하는 형용사를 쓰시오.

❶ El Salvador

❷ Portugal

❸ Puerto Rico

❹ Bolivia

❺ Ecuador

❻ Estados Unidos

❼ Nicaragua

❽ Asia

❾ México

❿ Cuba

⓫ Guatemala

⓬ Inglaterra

⓭ Venezuela

⓮ Costa Rica

⓯ Honduras

⓰ Irak

⓱ Panamá

⓲ Europa

⓳ Perú

⓴ Uruguay

Lección

07

7.1. 현재분사
7.2. 과거분사
7.3. 직설법 현재완료
7.4. 수동태
7.5. 비교급과 최상급
7.6. 부사

7.1. 현재분사

7.1.1. 형태

[규칙 형]

hablar: habl+ando → hablando

comer: com+iendo → comiendo

vivir: viv+iendo → viviendo

[불규칙 형]

caer: cayendo
dormir: durmiendo
ir: yendo
morir: muriendo
pedir: pidiendo
reír: riendo
ver: viendo
decir: diciendo
huir: huyendo
leer: leyendo
oír: oyendo
poder: pudiendo
venir: viniendo

7.1.2. 용법

1) 동시 동작

'~하면서'라는 의미로 주동사와 동시에 일어나는 동작을 나타낸다.

Ella estudia escuchando la radio.
Él anda cantando.
Ellos pasean tomando refrescos.
Ellas charlan viendo la telenovela.

2) 진행형: 「estar + 현재분사」

¿Qué estás escribiendo? - Estoy escribiendo un e-mail (correo electrónico).

¿Qué están haciendo ellos? - Están lavando los platos en la cocina.

Estoy viendo la televisión todo el día.

¿Dónde están comiendo ellos? - Están almorzando en una cafetería.

Estamos tomando cerveza.

3) 상황이나 행위의 지속 표현

estar 뿐만 아니라, ir, seguir, llevar 등과 함께 쓰여도 「상황이나 행위의 지속 또는 진행」을 표현한다.

Cada día el enfermo va mejorándose.

La situación del país va empeorando.

¿Sigues saliendo con aquel chico tan guapo?

Sigue preocupándose por la situación actual.

Marisa sigue leyendo la misma revista.

La economía latinoamericana continúa mejorándose año tras año.

La chica lleva dos horas charlando.

Ellos llevan unos cinco meses trabajando juntos.

참고

위의 예문들처럼 llevar의 경우에는 뒤에 「기간」을 나타내는 어구가 나올 때 반드시 현재분사만을 요구하는 것은 아니다.

La niña lleva dos días enferma.

Los pasajeros llevan diez horas en el avión.

Llevamos cinco años en Madrid.

7.2. 과거분사

7.2.1. 형태

[규칙 형]

hablar: habl+ado → hablado
comer: com+ido → comido
vivir: viv+ido → vivido

dormir: dormido
ir: ido
poder: podido
venir: venido
huir: huido
pedir: pedido
seguir: seguido

[불규칙 형]

abrir: abierto
decir: dicho
exponer: expuesto
morir: muerto
romper: roto
ver: visto
cubrir: cubierto
escribir: escrito
hacer: hecho
poner: puesto
satisfacer: satisfecho
volver: vuelto

caer: caído
oír: oído
leer: leído
reír: reído

7.2.2. 용법

1) 직접 명사를 수식하거나 주어 또는 목적어의 보어 역할을 한다. 형용사적으로 쓰인 것이므로 해당 명사와 성·수가 일치되어야 한다.

<명사수식>

El pájaro entra por la ventana abierta.

Ella recibe una carta escrita en español.

Tenemos una mesa rota.

<보어>

Estamos decepcionados.

El teléfono está activado.

La clase no está aburrida.

Jaime viene muy fatigado de Bogotá.

En ese accidente tres resultan heridos.

La ley de los derechos humanos queda aprobada.

Doy por concluida la discusión.

Yo voy a dejar la puerta abierta.

El gobierno no considera rotas las relaciones con Corea del Norte.

2) haber와 함께 쓰여 「완료시제」를 표현하며, ser나 estar와 함께 쓰여 「수동태 구문」을 만든다. (☞ 「현재완료」는 아래 7.3., 「수동태」는 아래 7.4. 참조)

7.3. 직설법 현재완료

7.3.1. 형태: 「haber의 현재 + 과거분사」

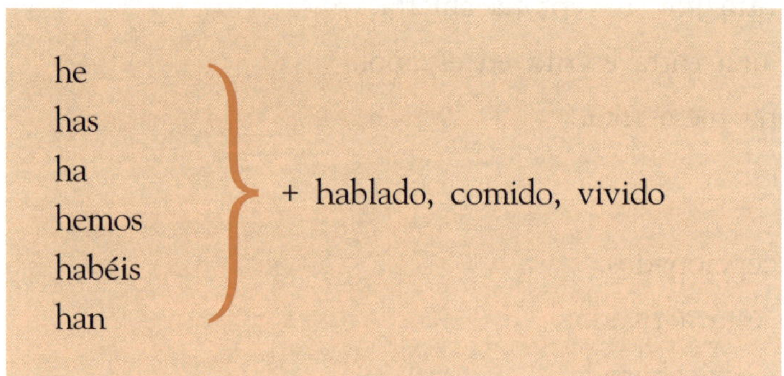

7.3.2. 용법

대체로 과거에 일어난 행위가 현재까지 영향을 미치는 경우에 사용된다. 따라서 가까운 과거를 나타낼 때, 주로 현재와 관련이 있는 부사나 부사구인 hoy, esta mañana, esta tarde, esta noche, esta semana, ya, todavía, aún, nunca 등과 함께 쓰인다. 현재완료에서 과거분사는 성·수 변화를 하지 않는다.

Ha comprado un traje nuevo.
¿Has sabido el precio del abrigo?
Ya hemos comido.
¿Qué han hecho ellos? -Han hablado con la policía.
¿Habéis ido al cine? -No, todavía no hemos ido.
¿Han visto Uds. el collar de oro? -Sí, lo hemos visto en el cuarto.

¿Quién ha roto el reloj? -Lo ha roto él.
María se ha puesto una gorra negra.
No me lo han dicho nunca mis amigos.
Me ha llamado por teléfono esta tarde.
La hemos visto esta mañana.
Ya he leído Don Quijote.
Aún no hemos comido.
Hoy no han venido a la escuela.

참고

「tener+과거분사」도 완료를 나타낸다. 그러나 「현재완료」에서와는 달리, 이 경우에는 과거분사가 목적보어로 쓰인 것이므로 해당 목적어와 성·수가 일치되어야 한다.

Tengo escrita la carta.
Tiene previsto llegar al aeropuerto a las 5 de la tarde.
Tengo reservada una habitación para ti.

예외

규칙형과 불규칙형 두 개의 과거분사 형태를 갖는 동사들도 있다. 불규칙형은 주로 형용사적 용법으로 사용된다.

bendecir: bendecido, bendito
elegir: elegido, electo
maldecir: maldecido, maldito

El Papa ha bendecido a los miserables.
María es una bendita mujer.
Chávez ya es Presidente electo.
Por el maldito tráfico he llegado tarde al examen.
La madrastra ha maldecido a los príncipes.

7.4. 수동태

스페인어 수동태(voz pasiva) 문장에는 두 종류의 구문이 존재한다. 「ser/estar + 과거분사」구문과 「수동의 se」를 이용한 구문이 있다(☞ 「수동의 se」는 11.4.1. 참조). 본 장에서는 「ser/estar + 과거분사」 구문을 소개한다.

7.4.1. 동작 수동: 「ser + 과거분사」

「ser + 과거분사」 수동 구문에서 주어는 행위자에 의해 어떤 동작을 받았다는 것이 표현된다. 과거분사는 주어와 성·수가 일치되어야 하며, 행위자는 일반적으로 **「por + 행위자」**로 표현된다.

Juan tala el árbol. → El árbol es talado por Juan.
Los vecinos respetan a Isabel → Isabel es respetada por los vecinos.
La concurrencia ha aplaudido al actor.
→ El actor ha sido aplaudido por la concurrencia.
La profesora ha cerrado la puerta.
→ La puerta ha sido cerrada por la profesora.
Los obreros han construido el edificio.
→ El edificio ha sido construido por los obreros.

7.4.2. 상태 수동: 「estar + 과거분사」(☞ 2.2. estar의 용법)

「estar + 과거분사」 수동 구문은 **「ser + 과거분사」** 구문과는 달리 주어가 동작의 결과로 어떤 상태에 있음을 표현한다. 과거분사는 주어와 성·수가 일치되어야 하며, 「**por + 행위자**」는 일반적으로 나타나지 않는다.

La puerta está cerrada.
Las ventanas están abiertas.
La mesa está rota.
El libro está escrito en inglés.
La ensalada está hecha.

비교	quedar 동사와 함께 쓰여도 「상태 수동」을 나타낸다. Ellos se quedan asustados por un ruido extraño. Queda prohibida la divulgación, copia o distribución de esta película a terceros sin la previa autorización escrita.

7.5. 비교급과 최상급

7.5.1. 비교급

1) 우등 비교: 「동사 + más + 형용사/명사/부사 + que」
「동사 + más + que」

Andrea es más alta que Cecilia.
Ernesto es más joven que Sandra.
Seúl es más grande que Busan.

Yo tengo más experiencia que Juan.
Ella tiene más libros que él.

Ella corre más rápido que yo.
Juan llega más tarde que Marta.

Yo trabajo más que ellos.
El elefante come más que el conejo.

2) 열등 비교: 「동사 + menos + 형용사/명사/부사 + que」
「동사 + menos + que」

Cecilia es menos alta que Andrea.
Sandra es menos joven que Ernesto.
Busan es menos grande que Seúl.

José tiene menos tiempo que yo.
Hago menos esfuerzo que tú.

Yo corro menos rápido que ella.
Marta llega menos tarde que Juan.

Ellos trabajan menos que yo.
El conejo come menos que el elefante.

3) 동등 비교: 「동사 + tan + 형용사/부사 + como」
「동사 + tanto + (명사) + como」

Guillermo es tan alto como Javier.
El Teide no es tan famoso como la Aconcagua.
Este restaurante no es tan bueno como el de la calle Princesa.

Tengo tanta experiencia como tú en este trabajo.
No tengo tanto tiempo como tú.
Esta casa tiene tantas habitaciones como el Palacio Real.

Juan no habla español tan rápido como Carlos.
Ellos trabajan tanto como los esclavos.

비교	1. 「tan(to) ~ que … '매우 ~해서 … 하다'」 Él habla tan rápido que no lo entiendo bien. Tiene tanta soberbia que es insoportable. Ha cambiado tanto que no la reconocemos. 2. 「tanto A como B 'A도 B도'」 Tenemos clases tanto el lunes como el miércoles. Tanto Pedro como María beben mucho. Necesitamos expertos tanto en marketing como en tecnología. 3. 「cuanto más/menos, (tanto) más/menos」 '~하면 할수록, ~하다' Cuanto más come, (tanto) más engorda. Cuanto más tiene, (tanto) más quiere. Cuanto menos trabajas, (tanto) menos ganas.

7.5.2. 최상급

「정관사 + más / menos + 형용사 + 전치사 (de, en, entre)」
「정관사 + 명사 + más / menos + 형용사 + 전치사 (de, en, entre)」

Gerardo es el más simpático de los amigos.
Este almacén es el más moderno del vecindario.
¿Cuál es el menos útil entre todos?

Sofía es la menos elocuente de todas.

Visitamos el palacio más hermoso de la ciudad.
Nuestra biblioteca posee el libro más antiguo del país.
Ella es la alumna menos activa en la clase.
Valencia es una de las ciudades más populosas de España.

Emilio es el empleado que más trabaja de todos.
Pilar es la estudiante que menos habla en la clase.

참고

más와 menos 뒤에 숫자가 나오는 경우에는 뒤에 que 대신 de가 와서 각각 「~보다 많은」과 「~보다 적은」을 표현한다.

Necesito más de dos ayudantes.
Van a venir más de cincuenta personas.
Me hacen falta menos de cien euros.
No es bueno para la salud dormir menos de seis horas.

7.6. 부사

7.6.1. 본래 품사가 부사인 어휘들

bien, mal, mucho, poco, tanto, demasiado, pronto, temprano, tarde, rápido, lento, despacio 등

Ella habla bien castellano.

¿Cómo está tu abuela? -Está muy mal.
Generalmente los ancianos caminan despacio.
Nos levantamos muy temprano para llegar a tiempo.
Él anda lento, pero ella muy rápido.
El examen es demasiado difícil para contestar todo.

참고

rápido와 lento는 본래 형용사이나 현재는 -mente없이 부사로도 쓰인다.
demasiado는 para와 함께 '너무 ~해서 ~하지 못 한다'는 부정의 의미로 쓰인다.

Jaime es demasiado joven para ser un buen padre.

7.6.2. 형용사 파생 부사: 「형용사의 여성형 + mente」

부사형 어미로 쓰이는 -mente는 본래 '마음'이라는 의미의 여성 명사이므로 형용사도 여성형으로 쓴다. 파생 부사가 둘 이상 연속되는 경우 앞의 형용사는 여성형으로 쓰고 뒤의 형용사에만 -mente를 붙인다.

amable → amablemente
atento → atentamente
general → generalmente
natural → naturalmente
necesario → necesariamente
negativo → negativamente
obvio → obviamente
particular → particularmente
positivo → positivamente
preciso → precisamente

previo → previamente
probable → probablemente
suave → suavemente
sutil → sutilmente

El encargado me ha contestado positivamente.
Obviamente, Ud. no conoce al Presidente.
Hacemos todo muy sutilmente.

Pancho lee lenta y determinadamente.
Carlos habla precisa y detenidamente.
Lo critican fuerte y negativamente.
Hay que agarrarlo suave pero firmemente.

7.6.3. 기타 부사구

El tren anda con rapidez. (= rápido / rápidamente)
Sancho lee con lentitud. (= lento / lentamente)
Cantan con alegría. (= alegremente)
Hacemos todo con mucha sutileza. (= muy sutilmente)
Me han visitado con mucha frecuencia. (= muy frecuentemente)

Carlos viene muy a menudo.
Le he escrito a veces.
El avión ha llegado a tiempo.

Ellos han regresado a casa de prisa.
Ella está de pie en la plaza todo el día.
Ellos han ido de compras a pie al centro.

Llegamos a Madrid de noche.

En general me levanto a las siete de la mañana.

El tren ha partido a las tres en punto.

Los policías lo han examinado en secreto.

En particular me gusta mucho la paella de marisco.

‖ 연습문제 ‖

1. 괄호 안의 동사를 올바른 형태로 변화시키시오.

❶ El trabajo ya está _________(acabar).

❷ Esta semana hemos _________(comer) tomates.

❸ Estamos _________(tomar) cerveza.

❹ Estoy _________(ver) la televisión todo el día.

❺ Tenemos un lápiz _________(romper).

❻ Veo la puerta _________(abrir).

❼ ¿Dónde están _________(comer) ellos?

-Están _________(almorzar) en una cafetería.

❽ ¿Qué estás _________(hacer)? Estoy _________(escribir) una carta.

❾ Tenemos _________(reservar) una habitación.

❿ Este asiento está _________(ocupar).

⓫ La economía sigue _________(ser) buena.

⓬ Él lee el libro _________(escuchar) música.

⓭ Ella lleva dos meses _________(estudiar) español.

⓮ El Presidente _________(elegir) ha visitado el cementerio nacional.

⓯ Mis padres están _________(satisfacer) de mis notas.

⓰ No sé lo que les pasa a ellas, andan muy _________(preocupar)

⓱ La profesora de español siempre va muy bien _________(vestir).

⓲ Llevo _________(poner) una falda nueva.

⓳ Tengo _________(preparar) la comida española.

⑳ Tengo _________(pensar) ir de vacaciones a Ibiza.

2. 문법적으로 틀렸거나 어색한 부분을 모두 바르게 고치시오.

❶ Ella gana más que cien mil euros al mes.

❷ Ella habla rotundo y lentamente.

❸ Paseamos por la playa con muy frecuencia.

❹ ¿Cómo está tu hermana? -Está buena.

❺ Estamos corriendo despaciamente en el parque.

❻ El español es hablando en más de 21 países.

❼ La recepcionista le despierta con temprano en la mañana.

❽ Ya hemos perdiendo una buena oportunidad.

❾ Juan regresa a casa muy cansando de la escuela.

❿ La ventana está abriendo por el viento.

⓫ Venden batatas asando.

⓬ Nos hemos tapados los ojos al ver la película.

⓭ El trabajo ha dejada a la secretaria agotada.

⓮ Los problemas ya han quedado resuelto.

⓯ La niña va crecida.

⓰ Los alumnos siguen estudiados español.

⓱ Los gamberros andan cantados por la calle.

⓲ Nosotros vamos por pie a la Plaza Mayor.

⓳ El director sale de la oficina mucho de prisa.

⓴ Es de día, son las once de mañana.

Lección 08

- 8.1. 지시대명사
- 8.2. 중성 지시대명사 esto (eso, aquello)와 ello의 비교
- 8.3. 인칭대명사 3: 소유격 후치형과 소유대명사
- 8.4. 불규칙 비교급과 절대최상급
- 8.5. 전치사를 동반하는 재귀동사들
- 8.6. 대명동사들
- 8.7. todo와 cada 비교

8.1. 지시대명사

이미 지시의 대상을 알고 있을 경우에 반복을 피하기 위해서 쓴다. 형태는 지시형용사와 동일하다 (☞ 2.4. 지시형용사). 또한 지시형용사와는 달리 지시대명사에는 추상적 대상을 지칭하는 중성이 있다. 중성 지시대명사에는 복수가 없다.

1) 화자(yo)에게 가까울 때: '이것'

	남성	여성	중성
단수	este	esta	esto
복수	estos	estas	-

¿Cuánto cuesta este (= este libro)?
Me gustan estos (= estos pantalones).
Estas (= Estas faldas) son caras.
Esta es la casa de Juan.
Esto es muy importante.
¿Qué es esto?

2) 청자(tú/Ud.)에게 가까울 때: '그것'

	남성	여성	중성
단수	ese	esa	eso
복수	esos	esas	-

Esta camisa es de España y esa es de Italia.
Estas chicas son mis amigas y esas son mis primas.

Ese (= Ese libro) es muy útil para mí.
No tengo esos (=esos bolígrafos).
¿Qué es eso?

3) 화자와 청자로부터 모두 멀 때: '저것'

	남성	여성	중성
단수	aquel	aquella	aquello
복수	aquellos	aquellas	-

Esta calle es más ancha que aquella.
Ese pantalón es más caro que aquel.
Esos cafés son descafeinados, pero aquellos son normales.
No me gustan aquellas (= aquellas chicas).
¿Qué es aquello?

참고

1. aquel/aquella와 este/esta는 각각 '전자'와 '후자'라는 의미로도 쓰인다.
   Allí vienen Víctor y Laura; aquel es mexicano y esta es española.
   Las chicas están hablando con Juan; este es un cantante famoso y aquellas son sus aficionadas.

2. 지시대명사는 의문사 qué 또는 cuál과 연결되어 다음과 같은 특징을 보인다.
   ¿Qué es esto/eso/aquello? ¿Cuál es este/ese/aquel?
   ¿Qué es este/ese/aquel? (x) ¿Cuál es esto/eso/aquello? (x)

8.2. 중성 지시대명사 esto (eso, aquello)와 ello의 비교

같은 중성 지시대명사이지만 esto (eso, aquello)는 「특정 사물」이나 「앞 문장 전체」를 모두 가리키는 반면에, ello는 동사의 목적어로는 사용되지 못하고 앞 문장 전체를 받는 주어나 전치사의 목적어로 사용된다.

Mauricio ha comprado un paquete de pañales. Ello (= Eso) significa que él tiene bebé.
No quiero hablar de ello. (o)
No quiero hablar de eso. (o)
No ha hecho ello. (x)
No lo ha hecho. (o)
No ha hecho eso. (o)

8.3. 인칭대명사 3: 소유격 후치형과 소유대명사

소유격 후치형은 전치형과는 달리 명사 뒤에서 수식하며 (☞ 2.1. 소유격 전치형), 소유대명사는 이미 언급된 명사를 되풀이 하지 않기 위해 사용된다.

8.3.1. 소유격 후치형

소유격 후치형을 사용할 때는 명사 앞에 일반적으로 (정·부정관사, 지시, 수량, 부정(不定) 형용사 등의) 한정사를 동반한다.

	단수	복수
1인칭	mío/a(s)	nuestro/a(s)
2인칭	tuyo/a(s)	vuestro/a(s)
3인칭	suyo/a(s)	suyo/a(s)

Un amigo mío vive en México.

Muchos alumnos míos han tenido mucho éxito.

Un amigo tuyo me ha preguntado por ti.

He recibido varias cartas tuyas.

El pañuelo suyo es de algodón.

Las gafas suyas están en la mesa.

Esta cama nuestra no es muy cara.

Algunos libros nuestros están mojados por la lluvia.

8.3.2. 소유대명사

「정관사 또는 lo + 소유격 후치형」 형태로써, 이미 앞에서 언급된 명사를 반복하지 않기 위해 사용된다.

	단수	복수	중성
1인칭단수	el mío la mía	los míos las mías	lo mío
2인칭단수	el tuyo la tuya	los tuyos las tuyas	lo tuyo
3인칭단수	el suyo la suya	los suyos las suyas	lo suyo
1인칭복수	el nuestro la nuestra	los nuestros las nuestras	lo nuestro
2인칭복수	el vuestro la vuestra	los vuestros las vuestras	lo vuestro
3인칭복수	el suyo la suya	los suyos las suyas	lo suyo

Sus libros están en la mesa y los míos, en el suelo.
Mi boli y el de Pedro están en la mochila.
Mi abuela y la tuya son amigas.
Su ordenador es más caro que el mío.
Mi teléfono móvil está roto, pero el tuyo está bien.
Esta habitación es amplia. ¿Cómo es la vuestra?
¿Cuál es el tuyo? - El mío es este.
Juan piensa solo en lo suyo.

8.4. 불규칙 비교급과 절대최상급

8.4.1. 불규칙 비교급과 최상급

원급	비교급	최상급
bueno/a	mejor	el/la mejor [óptimo]
malo/a	peor	el/la peor [pésimo]
grande	más grande mayor	el/la más grande [máximo] el/la mayor
pequeño/a	más pequeño/a menor	el/la más pequeño [mínimo] el/la menor

Cristina recibe mejores notas que Ana.
No hay nada peor que llegar tarde a la clase.
Ana recibe peores notas que Cristina.
Esta sala es mejor que aquella.
Mi cuarto es más grande que el tuyo.
Mi padre es mayor que ese señor.
Mi hermana es más pequeña que tú.

Mi hermana es menor que tú.

Sancho es mi mejor amigo.
Este es el mejor cuarto de esta casa.
Lo peor es haberte conocido.
No hay la menor duda.
Han conquistado la mayor parte del país solo en una semana.
Ese ha sido el peor caso.

참고

1. interior, exterior, inferior, superior, anterior, posterior에는 que 대신 a를 쓴다.

   La paz no es anterior a la victoria.
   El sótano está a nivel inferior al del suelo.
   No puede edificarse con una altura superior a tres plantas.
   El Sr. Martínez está anterior a Ud. en la lista de espera.
   La inscripción es posterior a la fecha indicada.
   Adán es anterior a Cristo.
   María es inferior a mí en edad.

2. grande와 pequeño의 비교급과 최상급: 앞의 예에서처럼, 두 개의 비교급 및 최상급 형태를 지닌다. 즉, 「크기」나 「규모」를 비교할 때는 más나 menos를 붙이고, 「나이」를 비교할 때는 mayor나 menor를 쓴다. 또한 「~보다 많은/적은」을 표현할 때에도 mayor와 menor를 쓴다.

   España es más de dos veces más grande que nuestro país.
   México es mucho más pequeño que los EE.UU.

   Jorge es mayor que Ana. (= Ana es menor que Jorge.)
   Este asiento es para los mayores de 65 años de edad.
   Los mayores de 5 años deben pagar la tarifa normal.
   Esta película no es recomendable para los menores de 19 años de edad.

3. 위의 네 형용사는 각각 óptimo, pésimo, máximo, mínimo라는 또 다른 최상급 형태를 갖고 있다. 그러나 이 단어들은 어원상 최상급일 뿐 현재는 형용사로만 쓰인다.

El experimento ha sido realizado bajo óptimas condiciones.
Este aparato electrónico es, con perdón de la palabra, pésimo.
Nuestra compañía garantiza la máxima calidad de los productos.
Él ha gastado una mínima suma de dinero y ha ahorrado el resto.

4. llevar 동사도 비교의 의미로 쓰인다. '~을 가져가다'라는 의미 이외에 수량을 나타내는 직접 보어와 함께 쓰여 '(그 수량만큼) 차이가 나다, 우위에 있다'라는 의미로도 쓰인다.

Le llevo dos años a mi hermana. (= Tengo 2 años más que mi hermana)
Ella me lleva tres años. (= Ella tiene tres años más que yo)

8.4.2. 절대최상급

「~에서, ~보다」라는 상대적인 한정 기준 없이, 절대적인 관점에서 최상이라는 의미를 나타낸다. '매우 ~한'이라는 의미를 가지며 형용사나 부사에 -ísimo를 붙여 만든다.

- guapo → guapísimo, mucho → muchísimo, dulce → dulcísimo, rojo → rojísimo
- rico → riquísimo, blanco → blanquísimo, largo → larguísimo
- hábil → habilísimo, común → comunísimo, cortés → cortesísimo
- tarde → tardísimo, amplio → amplísimo, sucio → sucísimo, limpio → limpísimo
- frío → friísimo, vacío → vaciísimo
- bueno → bonísimo, fuerte → fortísimo, cierto → certísimo
- amable → amabilísimo, noble → nobilísimo, sensible → sensibilísimo

Gemma es guapísima.
Esta comida es riquísima.
Esta habitación es limpísima.
Esa cantante tiene una voz dulcísima.
Le doy muchísimas gracias.
Pedro es un habilísimo investigador.
La carretera es larguísima.
Juan es un chico bonísimo.
El tren ha llegado tardísimo.

주의

bueno, fuerte, cierto 등처럼 이중모음을 갖고 있는 형용사들의 절대최상급으로는 위의 형태들과 더불어 buenísimo, fuertísimo, ciertísimo 등도 쓰인다.

8.5. 전치사를 동반하는 재귀동사들

본래는 타동사인데 ~se가 붙어 자동사 역할을 하며, 목적어 앞에 항상 전치사를 동반하는 동사들이다.

- acordarse de (= recordar)

  ¿Se acuerda de este niño?
- alegrarse de

  Me alegro mucho de conocerle a Ud.
- olvidarse de (= olvidar)

  Los coreanos no se olvidan de la Copa Mundial 2002.
- fijarse en

  La ONU se fija en el cambio político de Corea del Norte.
- burlarse de

  La empresa se burla de sus clientes.

- enterarse de

  Hay gente que no se entera de eso.
- acostumbrarse a

  Los perros se acostumbran rápidamente a su entorno.
- esforzarse por

  Todos los estudiantes se han esforzado por pasar el examen.
- interesarse por

  La mayoría de los alumnos coreanos no se interesan por la ciencia humana.
- dedicarse a

  María se dedica a la arquitectura.
- encargarse de

  El director se encarga de la presidencia.
- encontrarse con

  Marco se encuentra con María en el Museo del Prado con frecuencia.

참고

la mayor parte de ~, la mayoría de ~, un gran número de ~, la mitad de ~, el resto de ~ 등의 경우 동사는 형태를 따라 단수를 쓰기도 하지만, 의미를 따라 복수를 쓰는 것이 더 일반적이다. 특히 보어를 동반하는 경우에는 복수 동사를 쓰며, 보어는 de 뒤에 오는 명사의 성·수에 일치시킨다.

La mayor parte de los estudiantes ha/han participado en la fiesta.
Un gran número de los soldados no ha/han regresado a casa.
La mitad de los náufragos se ha/ han salvado.
El resto de los periodistas va/van a la conferencia.

La mayoría de sus hijas son altas.
La mitad de los cajones están vacíos.
La mayor parte de los excursionistas han llegado cansados.

8.6. 대명동사

항상 재귀형(~se)으로만 쓰인다. 이처럼 늘 재귀대명사(se)가 함께 쓰인다는 의미에서 일반 자동사나 타동사와 구분하여 대명동사(verbo pronominal)라 부른다.

- atreverse a

  No me atrevo a hacer un largo viaje.
- arrepentirse de

  Juan no se arrepiente de nada.
- jactarse de

  Se jacta de su habilidad en el deporte.
- quejarse de

  María se queja de la comida.
- desvivirse por

  Juan se desvive por el fútbol.
- dignarse

  El Presidente se ha dignado visitar la escuela.
- suicidarse

  Se ha suicidado por la deuda.

8.7. todo와 cada 비교

todo는 형용사, 명사, 대명사, 부사 등으로 다양하게 쓰이고 cada는 형용사와 대명사로 쓰인다. 의미상 상호 교체될 수 있는 경우도 있지만 그렇지 않은 경우도 있다.

Ella me llama por teléfono todos los días. (= cada día)
Ellos van a la iglesia todos los domingos. (= cada domingo)
El jefe les paga el sueldo todos los meses. (= cada mes)

Los obreros han trabajado todo el día.
Ella estudia toda la noche.
Pedro la ha esperado toda la semana.
Ellos han viajado todo el año.

En la prescripción médica dice 'tomar cada 8 horas'. [매 8시간마다]
Me han visitado cada tres días. [매 3일마다]
Tienes que comprar uno de cada. [각 종류별로 하나씩]

‖ 연습문제 ‖

1. 빈 칸에 지시하는 말을 알맞은 형태로 넣으시오.

❶ ¿Qué es _________(이것)?

❷ ¿Cuál es _________(그의 것)?

❸ Mi teléfono móvil es _________(이것). ¿Dónde está _________(너의 것)?

❹ Mi abuelo es de Seúl y _________(너의 할아버지) es de Busan.

❺ Los juguetes de esos niños no son _________(이것들).

❻ _________(그것은) significa que eres muy listo.

❼ Mi casa está lejos, pero _________(우리 형제들의 집) está cerca de aquí.

❽ El boli de Pedro es rojo y _________(나의 것) es negro.

❾ Unos amigos _________(너희들의) van a ir a México durante estas vacaciones.

❿ Tú siempre piensas en _________(너의 일).

⓫ Quiero darle un pañuelo _________(나의).

⓬ _________(내 것) es peor que lo tuyo.

⓭ Cada sugerencia _________(그의) es valiosa.

⓮ No quieres nada _________(그의).

⓯ Este libro es _________(내 것).

⓰ ¿Ya no te gusta esta chaqueta _________(너의)?

⓱ Algunos amigos _________(너의) no opinan como tú.

⓲ Aquí están las novelas _________(너희들의).

2. 문법적으로 틀렸거나 어색한 곳을 바르게 고치시오.

❶ Ella siempre es superior que yo en cualquier actividad.

❷ La Plaza Mayor es ampliosísima.

❸ Este cine está prohibido a los menos de 18 años de edad.

❹ Mi hermano es 3 años más que yo.

❺ No quiero hacer ello.

❻ Unos mis amigos están viajando por Europa.

❼ Ella es menor inteligente que tú.

❽ Muchos sus libros están en el suelo.

❾ Hoy es peor día.

❿ Me gusta el chocolate. Es dulquísimo.

⓫ ¿Tú desvives por ella? Te vas a arrepentir muy pronto.

⓬ ¿Qué es este? No lo he visto nunca.

⓭ Ellos van a la iglesia cada el domingo.

⓮ ¿De quién ropa es esta?

⓯ Esta mochila es de mía.

⓰ Tu hermano tiene dos años más de yo.

⓱ Voy a repartir dos caramelos a los todos niños.

⓲ ¿Puede venir a mi casa toda lunes a la misma hora?

⓳ La mayor parte de los soldados han regresado herida.

⓴ México es muy más pequeño que los EE.UU.

Lección 09

9.1. 불규칙 동사들의 직설법 현재 3
9.2. 감탄문
9.3. 관계부사
9.4. 상호의 se
9.5. 중성관사 lo와 중성대명사 lo
9.6. 「동사+명사」 관용 구문

9.1. 불규칙 동사들의 직설법 현재 3 (adquirir, caer, construir, graduar)

adquirir: adquiero, adquieres, adquiere, adquirimos, adquirís, adquieren (inquirir, perquirir)

caer: caigo, caes, cae, caemos, caéis, caen (atraer, traer)

construir: construyo, construyes, construye, construimos, construís, construyen (concluir, constituir, destruir, disminuir, excluir, influir, sustituir)

graduar(☞ continuar): gradúo, gradúas, gradúa, graduamos, graduáis, gradúan (acentuar, efectuar, evacuar, insinuar, situar)

Los alumnos adquieren la información necesaria en la secretaría.
Las hojas caen del árbol.
¿En qué semana cae este año la feria?
¿Te caigo bien? -Sí, me caes muy bien.
Hoy te traigo las fotos de la fiesta.
Esta empresa construye una fábrica nueva.
Nos graduamos dentro de 4 años.

9.2. 감탄문

주로 의문사를 사용해 만들며, 필요에 따라 다양한 품사와 함께 쓰인다.

¡Qué alegría!
¡Qué barbaridad!
¡Qué guapa eres!

¡Qué calor hace hoy!
¡Qué libro tan interesante!
¡Qué noche tan larga!
¡Qué pena!
¡Qué suerte!
¡Qué susto!
¡Qué va!

¡Cuánta alegría!
¡Cuántos libros tienes!
¡Cuánto hablan ellas!
¡Cuánto saben ellos!
¡Cuánto ruido!

¡Cuán hermoso es!
¡Cuán rápido corres!

¡Cómo llueve!
¡Cómo pesa!
¡Cómo no!
¡Cómo puedes decir eso!
¡Cómo te atreves a decírmelo de esa manera!

참고

cuán은 cuánto의 어미 탈락형으로, 형용사나 부사 앞에서 쓰인다.

¡Cuán despacio hablas!
¡Cuán feliz es ese niño!

의문사를 사용하지 않고도 다음과 같이 다양한 감탄문을 만들 수 있다.

¡Caramba!
¡Dios mío!
¡Enhorabuena!
¡Espectacular!
¡Estupendo!
¡Fantástico!
¡Felicidades!
¡Fenomenal!
¡Madre mía!
¡Maravilloso!
¡Menudo coche!
¡Mierda!
¡Muy bien!
¡Sensacional!

9.3. 관계부사

앞에서 언급한 관계대명사와는 달리, 선행사가 '시간, 장소, 방법' 등일 때 사용된다. 경우에 따라서는 관계대명사(que)로 바꾸어 쓸 수도 있다 (☞ 6.2. 관계대명사). 관계대명사처럼 선행사를 포함해 쓰이는 경우도 있다.

9.3.1. cuando

Ya es la hora cuando debes partir.
No debemos cruzar la calle en el momento cuando el semáforo

está en rojo.

El día cuando llegan los barcos hay mucha gente en el puerto.

9.3.2. donde

Esta es la cafetería donde yo trabajo.

La empresa en donde trabajo es grande.

Aunque en este verano ha llovido mucho, hay sitios donde sufre una larga sequía en algunas provincias.

주의

전치사 a를 동반하는 경우, 선행사가 명시적인 경우에는 adonde를, 그렇지 않은 경우는 a donde를 쓴다.

Ese es el restaurante adonde vamos a ir esta noche.

A donde yo voy no podéis venir vosotros.

9.3.3. como

Tengo que preparar estas tareas (del modo) como Pedro me lo ha explicado.

Por la manera como se miran deducimos que son más que amigos.

No conocemos el modo como lo ha logrado ella.

비교

1. como의 「원인」('~때문에')과 「근거」('~에 따라서')

Como no quieres eso, no quiero dártelo. (=Dado que)
Voy a avisárselo como me dices. (=según)

2. como의 「자격」('~로서')과 「직유」('~처럼')

Ella asiste al mitin como representante de la ONU.
Él comparece en la comisaría como testigo.
El cobre brilla como el oro.
Los policías lo han tratado como un ladrón.
Juan trabaja mucho como una máquina.

9.4. 상호의 se

'서로 서로'라는 의미를 표현하기 위해 쓰인다. 의미를 강조하기 위해 부사나 부사구를 첨가하기도 한다.

Nos amamos.
Romeo y Julieta se abrazan.
Roberto y Josefina se hablan todos los días.
Lorena y Diana se escriben cartas (una a otra).
Pedro y Luis se pegan (el uno al otro).
Todos los alumnos se saludan (unos a otros).
Los dos hombres se reconocen recíprocamente.
Los obreros y el patrono se respetan mutuamente.

9.5. 중성관사 lo와 중성대명사 lo

9.5.1. 중성관사 lo

스페인어에는 중성 명사가 없으므로 명사와는 함께 쓰이지 못하고 형용사와 함께 쓰여 이를 명사화시킨다.

Lo problemático del español es la gramática.
Lo difícil es aprender de memoria todas las cosas.
Me gusta más lo antiguo que lo moderno.
Ellos hacen todo lo necesario.
Lo importante para nosotros es ahorrar el tiempo.
Lo bueno es estudiar mucho.

관계절과 함께 쓰이기도 한다 (☞ 13.3. 관계대명사 lo que와 lo cual).

Tú no entiendes lo que te digo.
Lo que me gusta más es el cine español.
Juan es más alto de lo que tú eres.
No sé qué es lo que nos ha pasado.
¿Qué es lo que hemos comprado?
Lo que pasa es que me interesan mucho los dibujos animados.

감탄문에서도 que와 함께 사용된다. 이때 중성관사 뒤에 나오는 형용사는 종속절의 주어와 성·수가 일치된다.

¡Lo rara que parece esa persona! = ¡Qué rara parece esa persona!

¡Lo curioso que es su novio! = ¡Qué curioso es su novio!
¡Lo hermosas que son esas flores! = ¡Qué hermosas son esas flores!
¡Lo peligroso que es nadar en ese río!
= ¡Cuán peligroso es nadar en ese río!

9.5.2. 중성대명사 lo

앞의 문장이나 묵시적으로 상호간에 이미 알고 있는 내용을 대신하여 쓴다.

Mi perro ha muerto hoy. - Lo siento.
No me caen bien los hombres con barba. - Ya lo sé. Me lo has dicho.
¿Sabes que Juan está enfermo? - No lo sé.
¿Sabes dónde está ella? - Lo siento. No lo sé.

Siento mucho lo de ayer.
¿Qué quieres comer? - Lo de siempre.
Lo de ahora es injustificable.

ser, estar, parecer 등의 동사들과 함께 쓰인 주격보어를 받을 수 있다.

¿Eres español? - No lo soy. Soy francés.
¿Parezco nervioso? - Sí lo pareces, pero tranquilo.
¿Raquel es abogada? - Sí, lo es.

중성대명사이므로 주격보어의 성·수에 상관없이 lo 한 가지 형태만을 취한다.

Aunque eres español, no lo pareces.
¿Estás casada? -No lo estoy.

¿Este crucigrama parece fácil? - Sí, lo parece.

Nosotros estamos cansados, pero vosotros no lo estáis.

9.6. 「동사 + 명사」 관용 구문

아래의 표현들은 대표적으로 많이 쓰이는 「동사 + 명사」 관용 구문이다. (☞ 4.3. 날씨 표현)

9.6.1. 「tener + 명사」

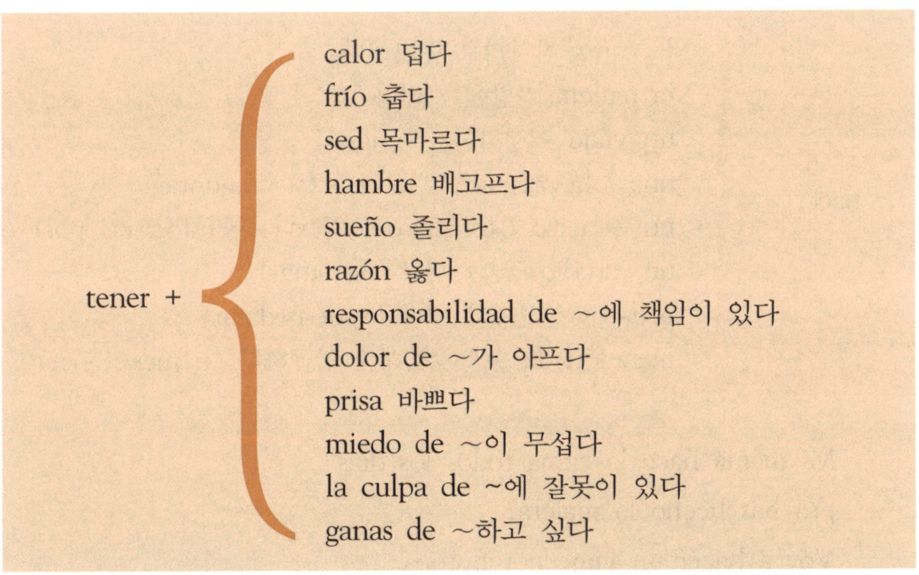

tener +

calor 덥다
frío 춥다
sed 목마르다
hambre 배고프다
sueño 졸리다
razón 옳다
responsabilidad de ~에 책임이 있다
dolor de ~가 아프다
prisa 바쁘다
miedo de ~이 무섭다
la culpa de ~에 잘못이 있다
ganas de ~하고 싶다

No tenemos mucho calor.

Tenemos mucha hambre.

Tengo mucha sed.

Tienes toda la razón.

¿Por qué tienes tanta prisa? -Porque tengo una cita ahora con Carolina.
Pedro no tiene la culpa del accidente de ayer.
¿Dices que Carmen tiene dolor de estómago? -No, le duele la cabeza.
Voy a la cama porque tengo mucho sueño.
Tengo miedo de perderte.
Ella no tiene ganas de ir al cine contigo.

9.6.2. 「hacer + 명사」

hacer +
- la cama 잠자리를 준비하다
- la maleta 가방을 꾸리다
- un viaje 여행하다 (= viajar)
- una / la pregunta 질문하다 (= preguntar)
- un esfuerzo / esfuerzos 노력하다 (= esforzarse por)
- un estudio 공부하다 (= estudiar)
- pedazos 산산조각 내다 (= despedazar)
- mención de … …에 대해 언급하다 (= mencionar)

Mi mamá hace la cama todos los días.
¿Ya has hecho la maleta?
Voy a hacer un viaje por Europa.
Juan no hace muchas preguntas en la clase.
Los campesinos hacen un gran esfuerzo para conseguir buena cosecha.
Maribel hace un estudio de matemáticas.
Los gamberros han hecho pedazos la cabina telefónica.
El ministro de Hacienda ha hecho mención de la reducción

del IVA (Impuesto de Valor Añadido).

9.6.3. 「tomar + 명사」

tomar +
- el desayuno 아침을 먹다 (= desayunar)
- el almuerzo 점심을 먹다 (= almorzar)
- la cena 저녁을 먹다 (= cenar)
- la medida / las medidas 조치를 취하다
- asiento 앉다 (= sentarse)
- el pelo a… …을 골려주다

El gobierno ha tomado varias medidas para crear puestos de trabajo.
Uds. pueden tomar asiento.
Nadie me va a tomar el pelo.

9.6.4. 「dar + 명사」

dar +
- un paseo 산책하다 (= pasear)
- ~se cuenta de … …을 깨닫다, 알아차리다
- la gana de ~하고 싶다 (= tener ganas de)
- vergüenza 부끄러움을 느끼다
- la pena 가슴이 아프다
- un asco 역겹다

Emilio suele dar un paseo por el parque.

No se han dado cuenta de eso.
No me da la gana de comer las patatas fritas.
¿No te da vergüenza?
Me da mucha pena ver a los pobres.
¡Qué asco me da!

‖ 연습문제 ‖

1. 다음의 두 문장을 한 문장으로 만드시오.

❶ Roberto mira a Susana. Susana mira a Roberto.

→ ______________________________.

❷ Tú le escribes a tu amigo. Tu amigo te escribe.

→ ______________________________.

❸ Yo conozco al profesor. El profesor me conoce.

→ ______________________________.

❹ Antonio observa al perro. El perro observa a Antonio.

→ ______________________________.

❺ Yo entiendo a mi novio. Mi novio me entiende.

→ ______________________________.

❻ Allí está la casa. En esa casa vivo yo.

→ ______________________________.

❼ El restaurante está muy lejos. Yo quiero ir a ese restaurante.

→ ______________________________.

❽ He comprado los libros en la librería. En esa librería trabaja un amigo mío.

→ ______________________________.

❾ Hoy es el día de los niños. Ese día los niños quieren recibir regalos.

→ ______________________________.

❿ Ya es la hora. Ahora debemos preparar el examen.

→ ______________________________.

2. 빈칸에 알맞은 말을 채우시오.

❶ ¿Estás nerviosa? No, no ________ estoy.

❷ Marisol y Teresa están muy animadas, pero los demás no ________ están.

❸ Los jugadores de ambos equipos ________ abrazan después de terminar el partido.

❹ En esta casa me molesta ________ ruidoso de la calle.

❺ Gana ________ suficiente para vivir.

❻ ________ más importante es no repetir los errores.

❼ No le gusta la forma ________ trabaja.

❽ ¿Qué quieres tomar? - ________ de ayer.

❾ ¡Qué valiente es!

= ¡________ valiente es!

= ¡________ valiente ________ es!

❿ ¡Cuán hermosa es esta rosa!

= ¡________ hermosa es esta rosa!

= ¡________ hermosa ________ es esta rosa!

3. 괄호안의 동사를 빈 칸에 알맞은 형태로 넣으시오.

❶ El imán ________(atraer) el hierro.

❷ ¿Te ________(traer) nosotros un café?

❸ La cumbre del G-20 ________(concluir) su primera jornada sin alcanzar acuerdos.

❹ El Ayuntamiento ________(construir) un polígono industrial de cinco hectáreas.

❺ ¿Por qué la gente ________(destruir) el medio ambiente?

❻ El Gobierno ________(disminuir) la oferta de empleo público por la crisis económica.

❼ Dicen que el teléfono celular __________(influir) sobre la actividad del cerebro.

❽ Renfe __________(sustituir) otro modelo de tren.

❾ La Bolsa de España __________(acentuar) las pérdidas.

❿ Los bomberos __________(evacuar) a tres familias por incendio.

4. 문법적으로 틀렸거나 어색한 부분을 모두 바르게 고치시오.

❶ Esta es la compañía que trabaja mi hermano.

❷ Esos dos países combaten uno a otro.

❸ ¡Cuánta hermosa es esa actriz!

❹ ¿Estás agotada? -Sí, la estoy.

❺ Lo siento mucho lo de ayer.

❻ Nos importa mucho tanto lo nuevo como lo antiguo.

❼ No me gusta la manera donde trabajan ellos.

❽ No puedo decir cuán alegría tengo.

❾ Eres coreana, ¿no? -Sí, la soy.

❿ ¿Tienes clases? -Sí, hoy lo tengo.

Lección 10

10.1. 직설법 단순과거
10.2. 단순과거와 현재완료 비교
10.3. 직설법 직전과거

10.1. 직설법 단순과거

과거의 어느 한 시점에 완결된 동작이나 상태를 표현한다.

10.1.1. 규칙 동사 변화

hablar		comer		vivir	
hablé	hablamos	comí	comimos	viví	vivimos
hablaste	hablasteis	comiste	comisteis	viviste	vivisteis
habló	hablaron	comió	comieron	vivió	vivieron

참고

다음 동사들은 어간 자음의 음가를 유지하기 위해 1인칭 단수를 llegué, busqué, empecé, averigüé, toqué로 각각 나타낸다.

llegar: llegué, llegaste, llegó, llegamos, llegasteis, llegaron
buscar: busqué, buscaste, buscó, buscamos, buscasteis, buscaron
empezar: empecé, empezaste, empezó, empezamos, empezasteis, empezaron
averiguar: averigüé, averiguaste, averiguó, averiguamos, averiguasteis, averiguaron
tocar: toqué, tocaste, tocó, tocamos, tocasteis, tocaron

10.1.2. 용법

1) 과거의 어느 순간에 일어나서 종결된 동작이나 상태를 표현한다.

El profesor habló en español en la clase de ayer.
Ayer comí el espagueti con Juan.

El avión llegó a tiempo.
Los alumnos empezaron a hablar en voz alta.
El precio del petróleo subió mucho cuando estalló la Guerra del Golfo Pérsico.
Tomé un taxi para ir al centro comercial.
David compró un chalet en Málaga y le costó cien mil euros.
El tren partió hacia París.
Ellos se levantaron muy temprano ayer.
El camarero echó un poco de leche en el café.

2) 과거에 지속되었던 동작이나 상태라도 구체적인 기간이 명시되면 단순과거를 쓴다. 이 또한 그 동작이나 상태가 과거의 어느 시점에서 결국은 종결되었음을 표현하기 때문이다.

Cristina trabajó en mi oficina durante un año.
Vivieron cinco años en Madrid.
Jugaron dos temporadas en el F.C. Barcelona.
No bebí durante diez años.
Ellos pasaron dos años en la prisión.
Buscaron oro durante veinte años.
Estudiamos en Madrid más de cinco años.

참고

「acabar de+부정사」 구문은 현재형으로도 '방금 ~했다'라는 직전 과거의 의미를 표현한다.

Acaba de partir el tren.
Acabamos de terminar la clase.

10.1.3. 불규칙 동사 변화와 용법

1) 어간 모음 e>i, o>u 변화 동사들

3인칭 단·복수에서 e가 i로, o가 u로 변하는 동사들이다.

pedir: pedí, pediste, pidió, pedimos, pedisteis, pidieron
seguir: seguí, seguiste, siguió, seguimos, seguisteis, siguieron
sentir: sentí, sentiste, sintió, sentimos, sentisteis, sintieron
servir: serví, serviste, sirvió, servimos, servisteis, sirvieron
dormir: dormí, dormiste, durmió, dormimos, dormisteis, durmieron
morir: morí, moriste, murió, morimos, moristeis, murieron

Me pidió disculpas por su osadía.
Me pidieron la tarjeta de crédito.
Los señores Lorena siguieron la ambulancia con su coche.
Sentí mucho la tardanza.
Se sintió triste, desamparado e inútil.
Los camareros nos sirvieron atentamente.
Anoche durmió ocho horas seguidas.
Al menos tres personas murieron por la explosión de un coche bomba en Bagdad.
¿De qué murió tu padre?

2) 어간에 -y- 첨가 동사들

3인칭 단·복수에서 어미 -i가 -y로, -ieron이 -yeron으로 변하는 동사들이다.

caer: caí, caíste, cayó, caímos, caísteis, cayeron
creer: creí, creíste, creyó, creímos, creísteis, creyeron
leer: leí, leíste, leyó, leímos, leísteis, leyeron

proveer: proveí, proveíste, proveyó, proveímos, proveísteis, proveyeron
concluir: concluí, concluiste, concluyó, concluimos, concluisteis, concluyeron
huir: hui, huiste, huyó, huimos, huisteis, huyeron
oír: oí, oíste, oyó, oímos, oísteis, oyeron

La pelota cayó al suelo y rebotó varias veces.
Me cayó muy bien ese chico.
No creyeron la palabra de Isabel.
Creí en los milagros que me salvaron.
Los alumnos leyeron el libro en voz alta.
La fábrica proveyó los productos para esta temporada.
Las negociaciones concluyeron sin llegar a un acuerdo.
El presidente de la empresa concluyó el proceso de reestructuración.
Tras dos años en prisión huyó de la cárcel en 1999.
Los contrabandistas huyeron a la montaña.
Cuando llegaron, oyeron un ruido extraño.

3) 기타 주요 불규칙 동사들

아래 18개의 불규칙형 변화들은 1, 3인칭 단수에서 강세가 어간에 놓이는 특수한 형태(강형태)들이다.

andar: anduve, anduviste, anduvo, anduvimos, anduvisteis, anduvieron
caber: cupe, cupiste, cupo, cupimos, cupisteis, cupieron
conducir: conduje, condujiste, condujo, condujimos, condujisteis, condujeron
dar: di, diste, dio, dimos, disteis, dieron
decir: dije, dijiste, dijo, dijimos, dijisteis, dijeron
estar: estuve, estuviste, estuvo, estuvimos, estuvisteis, estuvieron
haber: hube, hubiste, hubo, hubimos, hubisteis, hubieron
hacer: hice, hiciste, hizo, hicimos, hicisteis, hicieron

ir: fui, fuiste, fue, fuimos, fuisteis, fueron
poder: pude, pudiste, pudo, pudimos, pudisteis, pudieron
poner: puse, pusiste, puso, pusimos, pusisteis, pusieron
querer: quise, quisiste, quiso, quisimos, quisisteis, quisieron
saber: supe, supiste, supo, supimos, supisteis, supieron
ser: fui, fuiste, fue, fuimos, fuisteis, fueron (☞ ir 참조)
tener: tuve, tuviste, tuvo, tuvimos, tuvisteis, tuvieron
traer: traje, trajiste, trajo, trajimos, trajisteis, trajeron
venir: vine, viniste, vino, vinimos, vinisteis, vinieron
ver: vi, viste, vio, vimos, visteis, vieron

La queja fue presentada ante el comité.
Fue entonces cuando ella entró en casa.
A la mañana siguiente fueron a la piscina a nadar.
Ayer me dio un anillo de compromiso.
Los políticos tuvieron muchas oportunidades para evitar esta crisis política.
¿Cuánto tiempo estuviste en México?
Todo el día anduve por el famoso barrio de Santa Cruz en Sevilla.
Los jugadores pudieron disfrutar de buen tiempo.
El domingo tuve misa y me puse el vestido blanco.
No supiste amarme ni entregarme tu pasión y tu verdad.
A partir de ese momento no me cupo la menor duda de eso.
En esta isla hubo ráfagas de vientos de tormenta tropical.
El gobierno hizo muchos esfuerzos para salvar al rehén.
¡Pero te dije que no fui yo!
Me trajeron un café con leche y una tostada con mantequilla.
¿Quién te trajo aquí? -Conduje yo mismo.
"Vine, vi y vencí" dijo Julio César.
No quisimos hacer mención del artículo del periódico de ayer.

10.2. 단순과거와 현재완료 비교

현재완료는 「과거의 일이지만, 그 결과가 실제적이든 심리적이든 현재까지 영향을 미치고 있는 경우」에 주로 사용된다. 반면에, 단순과거는 같은 과거의 사실을 나타내지만 현재와의 관련성을 배제하는 경우에 사용된다. 따라서 현재완료는 주로 「현재와 관련이 있음」을 나타내는 부사나 부사구 (예, hoy, esta mañana (tarde, noche), esta semana, este mes, este año, aún, todavía, ya, nunca, jamás 등)과 함께 쓰이며, 단순과거는 명백한 과거의 의미를 갖는 부사나 부사구 (예, ayer, anteayer, la semana pasada 등)와 함께 쓰인다.

Ayer estudié mucho, pero hoy no he hecho nada.
El año pasado leí Don Quijote de la Mancha.
Ya he leído Don Quijote de la Mancha.
La Guerra Civil Española empezó en 1936 y acabó en 1939.
Todavía no he terminado la carrera universitaria.
La reunión terminó a eso de las diez.
Jamás hemos conocido a una persona tan inteligente como tú.
Nos conocimos ayer.
Comí manzanas ayer.
He comido manzanas esta tarde.
Siempre te he echado de menos.
Se echó sobre la cama.

그러나 같은 문장을 현재완료와 단순과거로 모두 나타낼 수 있는 경우가 상당히 많다. 이 경우 차이는 화자가 「심리적인 현재 관련성 및 지속성」을 표현하느냐 아니냐하는 것이다.

Ya ha llegado el avión.
Ya llegó el avión.

He escrito varias cartas.
Escribí varias cartas.

Murió mi padre.
Ha muerto mi padre.

비교	시제에 따른 의미 비교 No lo he visto. [현재까지] No lo vi. [과거의 한 순간에] No he fumado nunca. [현재까지] No fumé durante una semana. [과거의 일정 기간 동안에]

10.3. 직설법 직전과거

Tan pronto como, en cuanto 등과 같이 '∼하자마자'라는 의미의 접속사와만 함께 쓰인다. 엄밀하게 말하면 의미상으로는 주동사보다 더 이전에 완료된 행위를 나타내지만, 거의 동시 동작으로 취급해 과거완료와는 구분하는 것이다. 그러나 오늘날은 단순과거로 대체하는 것이 일반적이다.

10.3.1. 형태 : 「haber의 단순과거 + 과거분사」

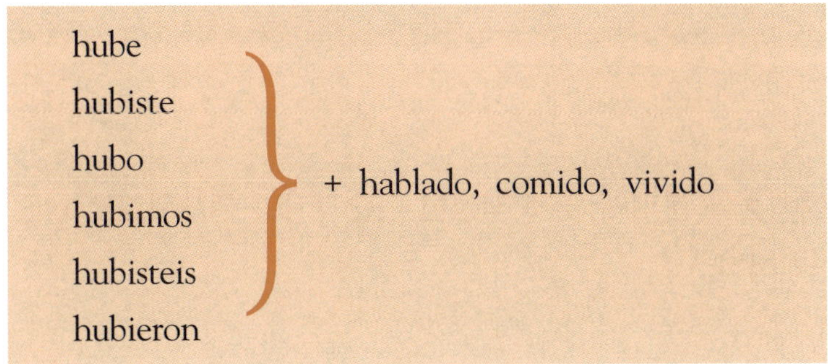
hube
hubiste
hubo
hubimos
hubisteis
hubieron

+ hablado, comido, vivido

10.3.2. 용법

Tan pronto como hubo llegado (= llegó) a casa, empezó a hacer el juego de internet.

Le escribió una carta a su amigo tan pronto como hubo regresado (= regresó) de Chile.

En cuanto hubo entrado (= entró) en casa, salió de nuevo.

En cuanto hubo amanecido (= amaneció), fueron al trabajo.

‖ 연습문제 ‖

1. 괄호 안의 동사들을 문맥에 맞게 직설법 단순과거나 현재완료로 적절하게 변화시키시오.

❶ Anoche Gerardo y yo _________(querer) estudiar juntos.

❷ Isabel _________(quitarse) el sombrero en cuanto llegó a casa.

❸ Ella _________(sentir) la presencia de alguien al abrir la puerta.

❹ ¿Todavía _________(creer) vosotros en las palabras del médico?

❺ Gustavo _________(traer) una botella de vino a la fiesta de ayer.

❻ Yo no _________(dormir) más de dos horas.

❼ Anoche ellos le _________(dar) un golpe muy fuerte.

❽ ¿_________(Leer) ellos el libro recomendado por mí?

❾ ¿Le _________(caer) tú bien al gerente de sección en la entrevista de ayer?

❿ ¿Por qué os _________(querer) marchar tan pronto?

⓫ Anoche _________(ocurrir) un terrible accidente.

⓬ Yo _________(pasar) tres años en Madrid y ahora vivo en Seúl.

⓭ Mi abuelo _________(morir) en el año 1999.

⓮ Susana lo _________(decir) en ese momento.

⓯ Aún yo no _________(leer) 'Cien años de soledad'.

⓰ El barco _________(partir) del puerto de Busan hace dos semanas.

⓱ A lo largo de este siglo muchas cosas _________(cambiar).

⓲ La semana pasada _________(estallar) un coche bomba en Londres y ________(morir) muchas personas.

⓳ Tan pronto como _______(escuchar) la noticia, _______(huir) el ladrón.

⓴ Siempre yo te _________(echar) de menos.

㉑ _________(Ser) entonces cuando la vio Juan a ella.

㉒ Yo no la _________(ver) durante toda la semana pasada.

2. 주어진 동사를 이용하여 빈칸에 알맞은 단순과거형을 쓰시오.

❶ Ayer yo __________(pedir) una pizza por internet.

❷ Los detectives ____________(seguir) varias pistas para atrapar a los ladrones.

❸ ¿ __________(servir) vosotros refrescos a los clientes?

❹ Esa empresa nos __________(proveer) materias primas el año pasado.

❺ El viernes pasado __________(concluir) las vacaciones.

❻ Nadie __________(oír) nada excepto el sonido de los trenes.

❼ El mes pasado yo __________(andar) por la zona norte.

❽ No __________(caber) todos en el ascensor.

❾ Anoche nosotros te __________(decir) la verdad.

❿ ¿Dónde __________(estar) vosotros anoche cuando os llamé?

⓫ La huelga general __________(concluir) con una masiva marcha.

⓬ Los incas ___________(hacer) caminos que integraban todo el imperio.

⓭ Nosotros __________(saber) la noticia aquel mismo día.

⓮ Muchos de esos productos no __________(tener) éxito.

⓯ ¿Ayer __________(ver) vosotras el discurso presidencial?

Lección 11

11.1. 직설법 불완료과거
11.2. 단순과거와 불완료과거 비교
11.3. 직설법 과거완료
11.4. 수동의 se와 비인칭의 se
11.5. 완전 부정어(否定語)
11.6. 유사 부정어(否定語)

11.1. 직설법 불완료과거

주로 과거의 불특정한 시간 동안 지속된 행위나 습관적인 행동을 표현한다. 또한 과거의 상황을 묘사할 때도 쓰인다.

11.1.1. 동사 변화

[규칙 변화]

hablar		comer		vivir	
hablaba	hablábamos	comía	comíamos	vivía	vivíamos
hablabas	hablabais	comías	comíais	vivías	vivíais
hablaba	hablaban	comía	comían	vivía	vivían

[불규칙 변화]

ver: veía, veías, veía, veíamos, veíais, veían

ser: era, eras, era, éramos, erais, eran

ir: iba, ibas, iba, íbamos, ibais, iban

11.1.2. 용법

1) 과거에 지속된 행위나 상황

이는 과거 진행형인 「estar의 직설법 불완료과거+현재분사」로 대체할 수도 있다.

¿Qué decía Ud.? (= ¿Qué estaba diciendo Ud.?)

비교	¿Qué dijo Ud.? (≠ ¿Qué estaba diciendo Ud.?)

Yo no hacía nada. (= Yo no estaba haciendo nada.)

비교 Yo no hice nada. (≠Yo no estaba haciendo nada.)

Carmen comía mientras Roberto leía.
¿Dónde vivían Uds. en aquel entonces? -Vivíamos en Santiago de Compostela.
Eugenia veía la televisión mientras Hugo cocinaba.

2) 과거의 습관적인 행동

Comíamos mucho en el pasado.
Escuchaban la radio todas las noches.
Siempre salía de noche.
Cuando yo era niño, veía muchísimo el dibujo animado.
Mientras estaba en Argentina, yo siempre hablaba español.
Cuando yo era joven, iba a la escuela en autobús.
Cuando estábamos en España, íbamos con frecuencia a las corridas de toros.
Jugábamos al tenis todos los sábados cuando éramos jóvenes.

3) 과거의 상황 묘사

El cielo estaba muy nublado y soplaba mucho aire.
Yo tenía que hacer un esfuerzo para no llorar.
Mucha gente huía del lugar del accidente.

비교 Mucha gente huyó del lugar del accidente.

Ella no podía hacer nada por el miedo.

비교 Ella no pudo hacer nada por el miedo.

4) 정중한 예의 표현

¿Qué quería Ud.?
¿Qué deseaba Ud.?

비교	¿Qué quiere Ud.? ¿Qué desea Ud.?

Venía a pedirle un favor.
Buenas tardes, señor. Quería unas gafas graduadas.

5) 과거 시점에서 본 미래 (☞ 14.1.2. 가정미래)

Nos dijo que venía hoy por la noche.
Me prometieron que te llamaban por teléfono.
Informaron que los enemigos nos atacaban de nuevo.

11.2. 단순과거와 불완료과거 비교

Estuvieron en Guatemala y aprendieron español.
Mientras estaban en Guatemala, aprendieron español. [지속]

Cuando salía de casa, cayó algo del tejado.
Cuando entré en tu casa, tus hermanos se disputaban. [지속]

Ignacio lo hizo hace un mes.
Ignacio lo hacía desde hacía un mes. [지속]

Vi a Carolina la semana pasada.
Veía a Carolina todos los días. [습관]

Llamé a Sonia anoche a las nueve.
Llamaba a Sonia con frecuencia el año pasado. [습관]

Jugamos al golf el pasado domingo por la mañana.
Generalmente jugábamos al golf todos los domingos. [습관]

Hubo mucha gente en la calle.
Había mucha gente en la calle. [묘사]

Álvaro estuvo en Escocia en mayo.
Álvaro estaba en Escocia en mayo cuando ocurrió el incidente. [묘사]

11.3. 직설법 과거완료

「haber의 불완료과거 + 과거분사」 형태를 취하며, 어떤 행위나 동작이 과거의 한 시점을 기준으로 그 이전에 완료되었음을 나타낸다. 따라서 「대과거」라고도 부른다.

11.3.1. 형태: 「haber의 불완료과거 + 과거분사」

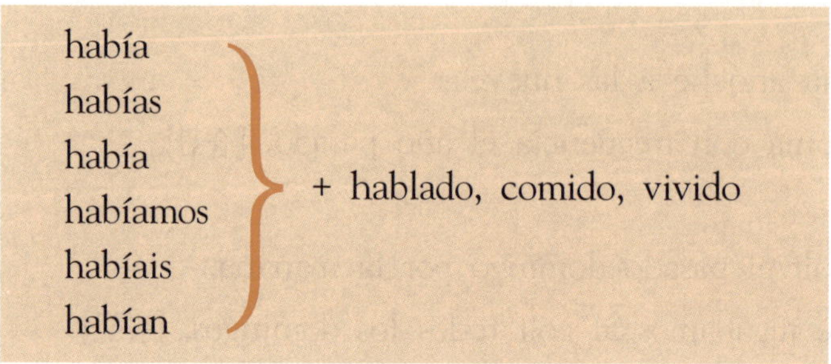
había
habías
había
habíamos
habíais
habían
+ hablado, comido, vivido

11.3.2. 용법

Anoche, cuando te vi, ya lo había hecho yo.
Mis padres ya habían recibido las noticias cuando llegué a casa.
Ya había cenado ella cuando llegamos.
La asistenta le enseñó a su jefe un documento que había recibido.
Como llegaste tarde, ya nos habíamos salido.
Dijo que lo había perdido.

11.4. 수동의 se와 비인칭의 se

11.4.1. 수동의 se

수동태인 「ser+과거분사」 구문 대신 사용된다 (☞ 7.4. 수동태). 일반적으로 피동주어가 사물일 때 사용되며, 행위자에 「관심」을 두지 않는 수동문으로 사용된다. 따라서 대부분의 경우 「전치사+행위자」를 사용하지 않는다.

Se enviaron los equipos de rescate.
→ Los equipos de rescate fueron enviados (por el gobierno).

Se construyó el edificio.
→ El edificio fue construido (por el arquitecto).

Se restauró la catedral.
→ La catedral fue restaurada (por el ayuntamiento).

Se rechazó mi sugerencia.
→ Fue rechazada mi sugerencia (por el comité).

Se rompió el vaso.
→ El vaso fue roto (por el camarero).

Se abrió la puerta.
→ La puerta fue abierta (por Juan).

Aquí se venden muchos libros.
→ Muchos libros son vendidos aquí (por el librero).

Se solucionaron los problemas.
→ Los problemas fueron solucionados (por los alumnos).

11.4.2. 비인칭의 se

동사는 3인칭 단수로만 쓰이며, '(일반적으로) ~하는'이라는 의미를 갖는다. 따라서 흔히 「일반주어」라고도 부른다.

Se habla español en México.

Se dice que ella fue una agente secreta.
No se fuma aquí.
Si se desea, se puede.
Se trabajaba en esta oficina.
Se come mucho ajo en Corea.
Se duerme mal ahí.
Se informa que va a haber guerra.
Aquí se vive tranquilo.
Se trata de un asunto importante.
Se cree que el jefe no va a venir hoy.
Se piensa que la secretaria trabaja demasiado.
Se avisó a los bomberos.
No se debe cantar así tan fuerte a medianoche.
Se critica a los jueces.
Primero se agrega el agua y después se mezcla todo el ingrediente.

참고

se없이 3인칭 복수로 대체되기도 한다.

Se dice que va a llover. (= Dicen que va a llover.)
Se habla español en México. (= Hablan español en México.)

11.4.3. 수동의 se와 비인칭의 se 비교

수동의 se는 타동사에만 쓰이고 동사는 주어의 수에 일치되는 반면에, 비인칭의 se는 자동사와 타동사에 모두 쓰이고 동사는 3인칭 단수로만 쓰인다. 그러나 모든 구문이 다 비인칭으로 쓰일 수 있는 것은 아니다. 문맥에 따라 선호되는 구문이 있음에 유의해야 한다.

Se vende pasteles. (비인칭)
Se venden los pasteles. (수동)

Se alquila pisos. (비인칭)
Se alquilan los pisos. (수동)

Se ha divulgado las noticias. (비인칭)
Se han divulgado las noticias. (수동)

Se busca las pruebas del crimen. (비인칭)
Se buscan las pruebas del crimen. (수동)

Se está bien aquí. (비인칭)
Es estado bien aquí. (x)

Se vive feliz aquí. (비인칭)
Es vivido feliz aquí. (x)

피동주어가 3인칭 단수의 사물이고 동사가 타동사 3인칭 단수인 수동구문은 비인칭 구문으로도 해석될 수 있다.

Se prepara el nuevo plan de ventas.
Se construyó la casa.
Se vende un apartamento.

11.5. 완전 부정어(否定語)

일반적으로 부정문을 만들 때 동사 앞에 부정어 no를 사용하지만, 다른 부정어, 즉 nada, nadie, ninguno, nunca, jamás, ni siquiera 등을 이용해 만들 수도 있다. (cf. 축약부정어 ni, tampoco ☞ 17.3) 주의할 점은 이들 부정어가 동사 앞에 위치하는 경우는 no가 함께 나올 수 없지만, 동사 뒤에 위치하는 경우는 반드시 no가 동사 앞에 나타나야 한다. 이처럼 no와 부정어가 한 문장에 함께 나타나는 경우 이중부정이 되어 긍정의 의미를 갖는 것이 아니라 오히려 부정의 의미가 더욱 강조된다.

11.5.1. nada와 algo, nadie와 alguien

기본적으로 모두 명사이므로 주어나 목적어로 사용된다.

No tengo nada. (= Nada tengo.)
Tengo algo interesante.
No hay nada en la oscuridad (= Nada hay en la oscuridad.)
Algo está en la oscuridad.
¿Has comido algo? –(No he comido) Nada.

No veo a nadie. (= A nadie veo.)
Veo a alguien.
Nadie te espera en la puerta. (= No te espera nadie en la puerta)
Alguien te espera en la puerta.

참고

nada와 algo는 부사로도 사용된다.

La película no era nada interesante.
Este crucigrama no es nada fácil.
Esa película no está nada mal.
Este tipo es algo aburrido.
Estoy algo cansado.
Este libro es algo divertido.

11.5.2. ninguno와 alguno

기본적으로 형용사이므로 수식하는 명사의 성·수에 일치해야 하며, 남성 단수 명사 앞에서는 어미가 탈락된다. 화자와 청자가 이미 서로 알고 있는 대상을 언급하는 경우에는 대명사로도 쓰인다.

No tengo ningún amigo.
No tengo ninguna amiga.
No tiene ninguna amiga aquí.
Ningún bolígrafo escribe.

Algún hombre te llamó.
Algunos hombres te llamaron.
Alguna mujer llegó.
Algunas mujeres llegaron.
Tiene que estar en algún lugar.
Tiene algunos libros interesantes.

Ninguno (de ellos) aprobó. (= Nadie aprobó)
Algunos (chicos) son muy buenos.
No ha venido ninguno (de ellos).
No ha venido nadie.
Ha venido alguno (de ellos).
¿Ha venido alguien?

주의

alguno가 부정문에서 쓰이는 경우는 명사 뒤에 위치해야 한다.

No tengo cosa alguna. (o)
No tengo ninguna cosa. (o)
No tengo alguna cosa. (x)
No tengo cosa ninguna. (o)
Lo hice sin ninguna duda. (o)
Lo hice sin duda alguna. (o)
Lo hice sin duda ninguna. (o)
Lo hice sin alguna duda. (x)

11.5.3. nunca, jamás, ni siquiera

부사로 사용되어 부정문을 만드는 부정어이다.

No salimos nunca de noche.
Nunca salimos de noche.
Ellos no dijeron nunca nada.
Ellos nunca dijeron nada.
No he estado jamás en Bogotá.
Jamás he estado en Bogotá.
No van a ir a los EE.UU. nunca jamás.

No voy a prestar nunca a nadie nada.
Ni siquiera reconocí a María.
No reconocí ni siquiera a María.

11.6. 유사 부정어(否定語)

11.6.1. poco와 un poco

형용사와 부사로 모두 쓰이며, 단독으로 쓰일 때는 「거의 부정적인」 의미를 갖는다. 대체로 다른 부정어와는 함께 쓰이지 않는다. 그러나 부정관사와 함께 쓰이면 긍정의 의미가 된다.

Poca gente participó en la conferencia.
Me visitaban pocas veces.
Este coche gasta muy poca gasolina.
Esos camareros son poco amables.

¿Hablas español? - Sí, pero un poco.
Eso tiene un poco de gracia.
Estoy un poco triste.

11.6.2. demasiado

형용사와 부사로 모두 쓰인다. 부정의 의미로는 주로 para와 함께 쓰여 '너무 ~해서 ~하지 못 하다'는 의미를 갖는다.

Había demasiada gente en el concierto para divertirse.
El examen era demasiado difícil para contestar todo.

11.6.3. apenas

부사로서, 단독으로 또는 다른 부정어와 함께 쓰여 '거의 ~않다', 또는 '겨우 ~하다'는 의미를 갖는다.

Apenas se oye lo que dicen ellos.
No se oye apenas lo que dicen ellos.
El autobús subió apenas la cuesta.
Ellos pasaron apenas el examen.
Ellos gastaron apenas un mes para hacerlo.

‖ 연습문제 ‖

1. 다음의 빈칸에 주어진 동사의 알맞은 과거 형태를 적으시오.

❶ Anoche, cuando llegué, ya _________(comer) mis padres.

❷ Mi familia se mudó a España cuando yo _________(tener) 10 años.

❸ Carmen _________(romper) un plato mientras Roberto _________(leer) la revista.

❹ Íbamos al cine todos los sábados cuando _________(ser) jóvenes.

❺ Cuando _________(estar) en España, íbamos al parque Retiro.

❻ Cuando yo _________(ser) joven, _________(ir) a la escuela en autobús.

❼ Mientras _________(estar) en Guatemala, _________(haber) un terremoto terrible.

❽ Nosotros _________(estar) en Londres cuando _________(ocurrir) el atentado.

❾ Dijeron que _________(llamar) tú a Carolina esta mañana.

❿ Nosotros _________(jugar) al tenis todos los domingos en el centro deportivo.

⓫ Mientras _________(estar) en Argentina, yo siempre _________(hablar) en español.

⓬ En aquel entonces él siempre _________(salir) de noche.

⓭ Alguien _________(robar) la Mona Lisa cuando _________(estar) nosotros en París.

⓮ Sonó mi móvil cuando yo _________(andar) muy despacio.

⓯ ¿Ya _________(almorzar) tú cuando llegaron ellos?

⓰ Llamó diciendo que _________(regresar) a casa hoy.

⓱ El ladrón _________(ser) alto y _________(tener) barba.

⓲ Cada domingo _________(ir) nosotros a la iglesia.

⓳ Señor, _________(querer) pedirle un favor.

⓴ La ceremonia ya _________(empezar) a esa hora.

2. 문법적으로 틀렸거나 어색한 부분을 모두 바르게 고치시오.

❶ El tren ya partía hace 10 minutos.

❷ Compraba esta chaqueta cuando estaba en Nueva York.

❸ No tenemos alguna cosa útil para eso.

❹ Ese día me acostaba temprano.

❺ El cielo estuvo nublado y el viento soplaba mucho.

❻ Cuando llegué a la escuela, la clase terminó ya.

❼ Aquí se ofrecen pan gratis.

❽ Todo el mundo se vive una vida difícil en Seúl.

❾ En los EE.UU. se hablan mucho español.

❿ No había algo divertido en la fiesta.

⓫ Hay nada fácil en la vida.

⓬ Siquiera he leído Don Quijote.

⓭ Algunos nosotros tenemos nuestro propio trabajo.

⓮ Jamás no hemos probado paella.

⓯ Esta mañana no hemos visto a alguien en la calle.

⓰ Visité a mis abuelos tres veces al mes.

⓱ La entrevista ha sido demasiado difícil por convencer al director.

⑱ Nadie de vosotros puede entrar en la clase.

⑲ Los vecinos me dieron un poco pan.

⑳ Alguien de ellos nos va a visitar el próximo mes.

Lección 12

12.1. 정관사
12.2. 부정관사
12.3. 정관사와 부정관사의 비교
12.4. 축소사와 증대사

12.1. 정관사

정관사는 「이미 정해져 있는(definido) 대상을 가리킬 때 쓰이는 한정사」이다. 불특정한 대상을 지칭하거나 생략이 관용화된 경우가 아니면 모든 기능의 명사에는 관사나 관사 상당 어구가 동반된다. 관사 상당 어구란 소유(mi, tu, su, etc.), 지시(este, esta, etc.), 부정(不定: algún, alguna, etc.), 부정(否定: ningún, ninguna, etc.) 등의 형용사를 일컫는 말로서, 관사와 동일한 위치에 출현할 수 있는 단어들이다.

12.1.1. 정관사가 쓰이는 경우

1) 화자와 청자 간에 이미 서로 알고 있는 대상을 가리킬 때

Compraron los zapatos en el almacén.
비교 Compraron zapatos en el almacén.

Comieron las patatas.
비교 Comieron patatas.

Bebí la cerveza que tenía en la nevera.
비교 Bebí cerveza.

2) 일반적으로 명사 전체를 나타내고자 할 때

Los ingleses beben el té negro.
El teléfono es un gran invento de la historia humana.
El reloj nos enseña la hora.
Aborrecen el vino.
Les encanta el cine.

3) 가족 이름(성)이나, 호격을 제외한 직함 앞에

Los Sánchez se mudaron a Sevilla.
Los Pinedo se van a hospedar en el Hotel Plaza.
La señorita Jiménez es sumamente atractiva.
La señora López quería hablar en persona con el señor Presidente.

비교	¡Buenas tardes!, señor Martínez. ¿Cómo le va? ¡Hola, señora! Solo quería ver las cosas. Don, Doña, Fray 앞에 정관사를 쓰지 않는다. Don Juan, Doña Cristina, Fray Luis de León

4) 재귀나 분리·박탈 동사의 직접 목적어 앞에 (☞ 3.5. 재귀대명사 se)

Me he lavado las manos.
Se puso la corbata rojiblanca.
Hoy me ha cortado el pelo.
Me han robado el dinero.
Le han quitado el derecho de ver las fichas.

5) 시간을 나타낼 때 (☞ 4.2. 시간읽기)

Eran las ocho en punto.
Salimos a las seis.
La corrida de toros empezó a las cinco.

6) 요일, 단위, 계량 등이 부사적으로 쓰이는 경우 (☞ 5.3. 요일과 날짜)

La fiesta de mi cumpleaños es el martes.

La reunión fue el jueves pasado.
La boda tuvo lugar el domingo.
La ceremonia se celebró el sábado.
Las naranjas están a 3 euros el kilo (= por kilo).
Esta cuerda se vende a 5 euros el metro (= por metro).
El aceite de oliva cuesta 30 euros el litro (= por litro).

12.1.2. 정관사가 생략되는 경우

1) ser 동사의 보어가 수식어 없이 단독으로 올 때 (☞ 2.2. ser와 estar의 직설법 현재)

Somos coreanos.
¿Eres estudiante?
Hoy es domingo.
Ahora es invierno.
Ayer fue viernes.

2) hablar 동사 뒤에 목적어로 언어명이 올 때 (☞ 2.3. 규칙 동사의 직설법 현재)

Ya hablamos español bastante bien.
¿Hablas francés? -No lo hablo. Pero puedo hablar español.
¿Habláis inglés? -Sí, y español también.
Hablo bien español.

3) hay 뒤에서 (☞ 4.4. estar와 haber(hay))

Hay libros en la mesa.
Hay una chica en la cafetería.

Si hay buenos, hay malos.

4) 「월의 명칭이나 전치사 구」처럼 관용화된 경우 (☞ 5.2. 계절과 월, 7.6. 부사)

Julio es un mes lluvioso.
En diciembre me voy al extranjero.

Íbamos a pie a la escuela con frecuencia.
A veces mamá me esperaba de pie en la puerta.
Ya podemos hablar en español.

5) 해당 명사가 특별히 정해지지 않은 일반적인 성격일 때

¿Quieres pan?
¿Tienes dinero?
Todavía queda tiempo.

6) 「명사 + de + 명사」어구에서 소유의 개념이 없는 경우, 즉 「de + 명사」가 앞의 명사를 수식하여 명사 복합어가 한 단어처럼 인식될 때

Ella trabaja en el Ministerio de Asuntos Exteriores.
Por fin llegó a ser el ministro de Sanidad y Bienestar.
Él tiene cara de sueño.
Estudiamos en el departamento de español.

비교	Él es el Presidente de la República. Esta es la casa del señor Kim. Son los libros de la biblioteca.

7) 사람, 도시, 국가, 대륙 등과 같은 고유명사 앞

Carmen es encantadora.
Asia es un continente inmenso.
No hemos estado en Asturias.
Toledo es una ciudad muy antigua y bella.

그러나 지명의 경우, 뒤에 수식어가 붙으면 해당 지명의 성(性)에 해당하는 관사를 쓴다. 그리고 강, 산, 바다 등의 명칭에는 예외적으로 남성 정관사를 붙인다.

Hoy vamos a estudiar sobre la España moderna.
El Asia del siglo pasado fue un dragón durmiente.
Me encanta el México antiguo más que el contemporáneo.

El Amazonas es el río más largo y caudaloso del mundo.
El Teide es un volcán situado en la isla de Tenerife.
La Península Coreana se encuentra al noroeste del Pacífico.

12.2. 부정관사

부정관사는 정관사와는 달리 해당 명사의 불특정적(indefinido) 성격을 나타내고 '(여럿 중) 하나'임을 나타냄으로서 명사를 개별화(individualización) 시킬 수 있다.

Un alumno llegó tarde.

Unas casas tienen garaje, otras no.
Le mordió un perro.
Juan escribió unas cartas.
Ellos comieron un pastel.

¿Qué es ella? -Es novelista. (← 직업으로서의 novelista)
¿Quién es ella? -Es una novelista. (← 개별화된 의미의 novelista)
¿Qué tipo de escritora es ella? -Es una novelista de ciencia ficción.

Es un conocido ateo.

비교	Es ateo.

Es una inglesa morena.

비교	Es inglesa.

Eran unos socialistas teóricos.

비교	Eran socialistas.

Es una chilena exiliada.

비교	Es chilena.

Soy un mal católico.

비교	Soy católico.

12.3. 정관사와 부정관사의 비교

가장 큰 차이는 특정 대상(objeto determinado)을 지칭하느냐, 개별화된 대상(objeto individualizado)을 지칭하느냐 하는 것이다.

El alumno llegó tarde.

비교 Un alumno llegó tarde.

Las secretarias se reunieron después de comer.

비교 Unas secretarias se reunieron después de comer.

Juan es médico.
Juan es el médico. (no el otro, 바로 그)
Juan es un médico. (de tantos, 여럿 중의 하나)
Juan es un médico rural.

Elisa es directora.
Elisa es la directora. (no la otra)
Elisa es una directora. (de las muchas que hay)
Elisa es una directora muy joven.

12.4. 축소사와 증대사

12.4.1. 축소사

명사나 형용사, 부사 등에 아래의 어미를 붙여, 대상을 예쁘고 귀엽게 표현하거나 단순히 크기의 작음을 표현한다.

1) 「호의」를 표현하는 축소사: -ito/a, -cito/a
애정이나 관심, 친근감 등을 표현한다.

casa → casita

chico → chiquito, chica → chiquita

cuchara → cucharita

gato → gatito

hijo → hijito

joven → jovencito

libro → librito

madre → madrecita: mamá → mamita

mano → manecita, manita

momento → momentito

pájaro → pajarito

perro → perrito

pulgar → pulgarcito

señora → señorita

Carmen → Carmencita

Pancho → Panchito

Juan → Juanito

bueno → bonito

delgado → delgadito

flaco → flaquito

guapo → guapito

poco → poquito

ahora → ahorita

luego → lueguito

mañana → mañanita

2) 「호의 표현」과 관련 없는 축소사: -(c)illo/a

hombre → hombrecillo
chico → chiquillo
cola → colilla
pájaro → pajarillo
paso → pasillo

12.4.2. 증대사

대체로 어미 -ote/ota, -ón/ona를 붙여 대상을 크게 표현함으로써 의미를 강조하기도 하지만, 경우에 따라서는 「경멸」의 의미로 사용되기도 한다.

casa → casona
chaqueta → chaquetón
chuleta → chuletón
cuchara → cucharón
libreta → libretón
macho → machote
mano → manota
mujer → mujerona
silla → sillón
soltero → solterón, soltera → solterona

참고

calleja → callejón '좁은 골목'
cuarenta → cuarentón(a) '40대의 (사람)'

‖ 연습문제 ‖

1. 다음 괄호 안에 필요하면 정관사나 부정관사를 넣으시오.

❶ (   ) hombres son mortales.

❷ Mañana es (   ) sábado.

❸ Me lavé (   ) cara con agua fría.

❹ Juan es (   ) alemán muy culto.

❺ Carmen se pone (   ) sombrero azul.

❻ (   ) García regresaron a su casa.

❼ ¿Qué es Rubén? -Es (   ) médico.

❽ Irene se mudó al centro en (   ) agosto.

❾ El agua limpia salía por (   ) grifo.

❿ ¡Vamos a conversar en (   ) español!

⓫ (   ) don Pablo aceptó la invitación para cenar con ella.

⓬ (   ) varias personas acudieron al mercado de la playa.

⓭ Ese bombero habla (   ) inglés y francés.

⓮ Arturo usó (   ) hacha de su padre para cortar ese árbol.

⓯ (   ) señora, ¿quiere algo de picar?

⓰ No tengo (   ) sueño.

⓱ Voy a ir al colegio en (   ) metro.

⓲ Necesitaba (   ) otro libro.

⓳ Mi tía va a partir a Argentina (   ) próximo mes.

⓴ ¿Están aquí (   ) doctor Pérez y (   ) doña Mercedes?

㉑ Sonia es (　　　　) cantante y su marido es (　　　　) periodista inteligente.

㉒ Esta es (　　　) casa de mis abuelos.

㉓ Quiero comer las galletas de (　　　　) arroz.

㉔ A (　　　) cinco en punto suena la campanilla para anunciar el fin de las clases.

㉕ (　　　　) Carlos V es el padre de (　　　　) Felipe II.

㉖ El edificio de (　　　　) tía se vendió a un precio económico.

㉗ A Juan no le gusta (　　　　) café y a mí, tampoco.

㉘ (　　　　) Mediterráneo es un mar interior de Europa, Asia y África.

㉙ El acto se celebra (　　　　) sábado a (　　　　) cinco de la tarde.

㉚ Este semestre no voy a la universidad (　　　　) martes.

2. 문법적으로 틀렸거나 어색한 부분을 바르게 고치시오.

❶ ¿Hablas un chino? -Sí, lo hablo bien.

❷ Él fue ministro de la Defensa.

❸ Ver Atlántico es una maravilla.

❹ Carlos tiene cara del sueño.

❺ Ese Mercedes es el coche de la esa actriz famosa.

❻ Un mi tío partió ayer a México.

❼ El dicho libro es del profesor Lee.

❽ El picnic es en el sábado que viene.

❾ Ella lo hizo con la facilidad.

❿ Aquí se vende el tabaco sólo por el paquete.

⓫ Mañana te voy a prestar un libro alguno.

⓬ Siempre visitaba la casa de tío.

⓭ Yo soy aquel negrito de África tropical.

⓮ Queremos estudiar más el misterio de México antiguo.

⓯ Ella viajó en el autobús de México a San Francisco.

⓰ En el invierno me gusta mucho esquiar.

⓱ Dentro del par de días vamos a marcharnos a Inglaterra.

⓲ A mí me encanta el pulpo al gallego.

⓳ Ko Sang-Don es el primer alpinista coreano que encumbró la cima de Everest.

⓴ Ese señor tiene cara del niño, es decir, parece muy joven.

3. 다음 단어들을 축소사와 증대사를 사용하여 쓰시오.

[축소사 사용]

❶ mochila ( )

❷ mesa ( )

❸ mujer ( )

❹ pájaro ( )

❺ ventana ( )

❻ corto ( )

[증대사 사용]

❶ libro ( )

❷ chaqueta ( )

❸ chuleta ( )

❹ silla ( )

❺ cuchara ( )

❻ plato ( )

Lección 13

13.1. 직설법 단순미래
13.2. 직설법 미래완료
13.3. 관계대명사 2: el que와 el cual, lo que와 lo cual
13.4. 부정사 관계구문
13.5. 관계형용사

13.1. 직설법 단순미래

흔히 「미래」라고 불리는 시제로써, 「현재에서 바라본 미래」를 표현하는 데 쓰인다. 스페인어에는 「과거에서 바라본 미래」도 있으므로 이와 구분하기 위해 「단순미래」라는 명칭을 붙인 것이다. (☞ 14과 「가정미래」 참조)

13.1.1. 동사 변화

「동사원형 + haber의 직설법 현재 어미(é, ás, á, emos, éis, án)」형태를 갖는다. 동사에 따라서는 어간 역할을 하는 동사원형이 변형되는 경우도 있다.

[규칙 변화]

hablar		comer		vivir	
hablaré	hablaremos	comeré	comeremos	viviré	viviremos
hablarás	hablaréis	comerás	comeréis	vivirás	viviréis
hablará	hablarán	comerá	comerán	vivirá	vivirán

[불규칙 변화] : 어간 모음이 탈락되는 동사들

1) 자음(-d-)가 첨가되는 동사들

poner: pondré, pondrás, pondrá, pondremos, pondréis, pondrán
tener: tendré, tendrás, tendrá, tendremos, tendréis, tendrán
salir: saldré, saldrás, saldrá, saldremos, saldréis, saldrán
valer: valdré, valdrás, valdrá, valdremos, valdréis, valdrán
venir: vendré, vendrás, vendrá, vendremos, vendréis, vendrán

2) 자음이 첨가되지 않는 동사들

caber: cabré, cabrás, cabrá, cabremos, cabréis, cabrán

haber: habré, habrás, habrá, habremos, habréis, habrán
poder: podré, podrás, podrá, podremos, podréis, podrán
querer: querré, querrás, querrá, querremos, querréis, querrán
saber: sabré, sabrás, sabrá, sabremos, sabréis, sabrán

3) 어근 변화 동사들

decir: diré, dirás, dirá, diremos, diréis, dirán
hacer: haré, harás, hará, haremos, haréis, harán

13.1.2. 용법

1) 현재에서 바라본 미래의 행위나 상태 등을 표현한다.

No haré más preguntas.
El aula estará vacía mañana por la mañana.
Ellos te seguirán como su líder.
Los usuarios podrán navegar por internet desde cualquier parte del mundo.

2) 현재나 미래에 대한 추측이나 가능성을 표현한다.

¿Qué hora será ahora? -Serán las siete de la tarde.
Me parece que la mujer tendrá más edad que su esposo.
En la fiesta no habrá mucha gente.

3) 명령을 표현한다.

Ahora me dirás dónde estuviste anoche.

No saldrás esta noche.
Te callarás ahora mismo, aunque tienes mucho que decir.
Deberás ir a un médico.

¿Ahora mismo me ayudarás?
No volveréis a cometer el mismo error, ¿verdad?

참고

「ir a + 부정사」: 미래 표현은 의미 변화없이 「ir a + 부정사」의 형태로도 바꾸어 쓸 수 있으며, 현재시제도 문장에 따라 미래를 표현할 수 있다. (☞ 3.1. 참조)

Algún día voy a comprar un coche lujoso. (= compraré)
Víctor tiene un examen muy importante mañana.

13.2. 직설법 미래완료

주로 미래의 어느 시점에 행동이나 상태가 완료되어 있을 것이라는 것을 표현한다.

13.2.1. 형태: 「haber의 단순미래 + 과거분사」

habré habrás habrá habremos habréis habrán	+ hablado, comido, vivido

13.2.2. 용법

1) 미래의 어느 시점에 동작이나 상태가 이미 완료되어 있을 것임을 표현한다.

Ellos lo habrán hecho pasado mañana.
비교 Ellos lo harán pasado mañana.
Mi madre habrá preparado la cena antes de las siete.
비교 Mi madre preparará la cena antes de las siete.
El próximo domingo habré leído esta obra maestra.
비교 El próximo domingo leeré esta obra maestra.

2) 가까운 과거, 즉 현재완료에 대한 상상이나 추측을 표현한다.

Supongo que Adolfo habrá hecho ese trabajo duro. (= ha hecho probablemente)
¿Le habrá llegado ya el mensaje? (= ha llegado probablemente)
El Real Madrid ya habrá fichado al jugador extranjero. (= ya ha fichado probablemente)

13.3. 관계대명사 2: el que와 el cual, lo que와 lo cual

13.3.1. el que (la que, los que, las que) (☞ 6과 참조)

1) 선행사 역할을 할 수 있는 명사가 둘 이상 있을 때 어느 것이 선행사인지 명시하기 위해 쓰인다.

La hija de El Greco, la que era toledana, quería viajar a Grecia.
Él me ha enviado un libro y una mesita, la que se presentaba en la subasta.
Allí vienen Carmen y Pedro, el que trabaja en la Embajada de Perú.

2) 이미 언급되었거나 문맥상 알 수 있는 선행사를 반복하지 않기 위해 쓰인다.

¿Qué cuadro quiere comprar? - El que tiene el marco dorado.
¿Cuál es tu maleta? - La que tiene ruedas.
Me gusta más este libro que el que me recomendó Luis.
Ayer vimos a las modelos y la que más me gustó fue Ana.

3) '~하는 사람(들)'이라는 선행사를 포함한 의미를 표현할 때 quien으로 대체가 가능하다.

El que habla mucho sabe poco. (= Quien)
El que cree en sí mismo puede creer en otros. (= Quien)
Es Juana la que te envió la carta. (= quien)
Los que quieren ver la película ya pueden entrar en la sala audiovisual. (= Quienes)

주의

주격으로 쓰이는 경우 el que 형은 quien과 마찬가지로 설명적 용법으로만 쓰일 뿐 제한적 용법으로는 사용되지 않는다.

Le tocó la lotería a mi amiga la que quería viajar por Europa. (x)
Le tocó la lotería a mi amiga, la que quería viajar por Europa. (o)
Le tocó la lotería a mi amiga que quería viajar por Europa. (o)

13.3.2. el cual (la cual, los cuales, las cuales)

용법은 대체로 el que 형과 유사하지만, 선행사 없이 쓰이는 독립 용법으로는 사용되지 않는다는 점이 다르다.

Allí vienen Víctor y Marta, el cual trabajará en una empresa publicitaria. (= el que)
El lápiz con el cual escribo es muy suave. (= con el que)
Ésta es la razón por la cual he dejado de fumar. (= por la que)

El cual habla mucho sabe poco. (x, → El que, Quien)
Los cuales quieren hablar conmigo pueden entrar ahora. (x, → Los que, Quienes)

13.3.3. lo que와 lo cual (☞ 9과 참조)

선행사가 문장 전체인 경우 사용되며 '~하는 것'으로 해석된다. lo que와 lo cual의 용법은 유사하지만, 선행사 없이 독립적으로 쓰이는 경우는 lo que만이 쓰인다.

El padre de Lorenzo perderá el trabajo, lo cual le entristece mucho a él. (= lo que)
Pasé el examen, por lo que se alegran mucho mis padres. (= por lo cual)
El comité rechazó mi propuesta, de lo cual hablé en serio con mis amigos. (= de lo que)

No puedo entender lo que me cuentas. (o)
No puedo entender lo cual me cuentas. (x)
Lo que quiero decir ahora es que tengo mucha hambre. (o)
Lo cual quiero decir ahora es que tengo mucha hambre. (x)
Lo que significa eso es que tú estás despedido. (o)
Lo cual significa eso es que tú estás despedido. (x)

참고

비교 구문에서 쓰이는 lo que (☞ 7.5. 비교급과 최상급):

비교 구문에서 비교의 대상으로 lo que가 사용되는 경우가 있는데, 이 경우 lo que 앞에는 비교 접속사 que 대신 전치사 de가 온다. 주로 decir, pensar, imaginar, recordar 등의 동사와 함께 쓰이며, '~하는 것'이라는 의미를 갖는다. 이 경우에도 lo cual은 쓰이지 않는다.

Gemma tiene mucho más dinero de lo que pensaba él.
La habitación es menos grande de lo que decían.
España es un país mucho más rico y potente de lo que imaginas.
El español se usa en más países de lo que piensan en general.

13.4. 부정사 관계구문

앞(6과, 9과)에서 살펴본 관계대명사나 관계부사는 인칭 변화된 동사를 동반하는 반면에, 이 관계구문은 부정사를 동반하는 것이 특징이다. 즉, 대표적으로 「que+부정사」 형태로 쓰이는 관계구문을 일컫는 말로써, 다음과 같은 몇 가지 조건 하에서만 가능하다. 문맥에 따라서는 que 이외에 quien이나 donde 등도 쓰이며 전치사를 동반할 수 있다.

1) 선행사는 원형 부정사나 전치사의 목적어는 될 수 있지만, 주어는 될 수 없다.

Hay dos camisas que planchar.
No tengo vestido que ponerme.
Julia quiere un cuchillo con el que cortar el chorizo.
Necesito un mecánico que arreglarme el coche. (x)

2) 선행사는 algo, nada, mucho, poco, varios 등이나 부정관사, 무관사 명사구처럼 비특정적 해석을 받는 명사구여야 한다. (☞ 4.4. hay 구문과 비교)

No hay nada que hacer.
¿Tienes algo que comer?
Necesita un hombre en quien confiar.
No encuentran sitio donde sentarse.

비교	Le quedan algunas (tres/varias/muchas/pocas) preguntas que responder. (o) Le quedan las (estas/mis/todas/ambas) preguntas que responder. (x) Busca una estudiante con quien hablar. (o) Busca a la estudiante con quien hablar. (x)

3) 주절 동사는 주로 encontrar, buscar(찾음), querer, necesitar, desear(필요, 원망), tener, poseer(소유), quedar, haber(존재) 등과 같은 일부 동사로 제한된다.

Ana busca un bolígrafo con el que escribir. (o)
Ana ha roto un bolígrafo con el que escribir. (x)
No hemos tenido a nadie en quien confiar. (o)
No hemos amado a nadie en quien confiar. (x)

주의

부정사 관계구문은 제한적 용법으로만 쓰일 뿐, 설명적 용법으로는 쓰이지 않는다. (☞ 6.2.3. 설명 참조)

Han encontrado un pueblo en el que pasar el verano. (o)
Han encontrado un pueblo, en el que pasar el verano. (x)

13.5. 관계형용사

13.5.1. cuyo (cuya, cuyos, cuyas)

관계사의 기능을 가진 형용사이므로 관계형용사라 부른다. 주의할 점은 선행사의 성·수를 따르는 것이 아니라 수식하는 명사의 성·수를 따른다는 것이다. 다른 관계사들과 마찬가지로 전치사를 동반할 수 있으며, 설명적·제한적 용법 모두 가능하다.

Conozco a una mujer cuyos tres hijos son soldados.
El chico, cuya familia vive en Argentina, trabajará en Corea.
He decidido estudiar en esta universidad en cuyo departamento de español hay muchos profesores y alumnos inteligentes.

13.5.2. cuanto (cuanta, cuantos, cuantas)

'~하는 모든 (것)'이라는 의미를 가지며, cuyo와 마찬가지로 수식하는 명사의 성·수를 따른다.

Te robaron cuantas joyas tenías. (= todas las joyas que)
Entraron cuantas personas quisieron. (= todas las personas que)
Se olvidó de traer cuantos documentos estaban sobre la mesa. (= todos los documentos que)

참고

Cuanto는 대명사나 부사로도 쓰인다.

Te di cuanto tenía. (= todo lo que)
Regresaron a casa cuanto antes. (= lo más pronto posible)

‖ 연습문제 ‖

1. 괄호 안의 동사를 미래나 미래완료로 알맞게 변화시키시오.

❶ ¿Qué hora ________(ser) ahora? -________(ser) las tres más o menos.

❷ Mañana te ________(decir) yo algo sorprendente.

❸ ¿Cuántos años ________(tener) ella?

❹ ¿A qué hora ________(volver) tú?

❺ Mañana a esta hora ________(acabar) yo el trabajo.

❻ Creo que mis padres ya ________(llegar) a Nueva York.

❼ Estoy leyendo Don Quijote y para el lunes lo ________(terminar) todo.

❽ Ya ________(recibir) ellos mi mensaje.

❾ No ________(salir) tú esta noche.

❿ Si no te ha saludado es porque no te ________(ver).

⓫ Ahora me ________(confesar) tú todo lo que hiciste.

⓬ El domingo ________(invitar) nosotros a unos amigos a la cena.

⓭ Dicen que quiere ganar el primer premio. ¿________(ser) posible?

⓮ Al anochecer, vosotros ya ________(llegar) a Madrid.

⓯ Otro día ________(quedar) nosotros de nuevo.

2. 필요한 경우 괄호 안에 알맞은 관계대명사나 관계형용사를 넣으시오.

❶ Ella habló mal de mi amigo, (   ) me hizo enfadar.

❷ (   ) habla mucho sabe poco.

❸ Seguía a un carterista la policía, (   ) me había robado el dinero.

❹ (   ) me gustó es ella.

❺ Soy yo (   ) dijo la verdad.

❻ Se ha estrenado una película, (   ) protagonista es mexicana.

❼ Te daré (   ) tengo.

❽ Se han matriculado (   ) alumnos querían.

❾ Compré un vino y una sidra, (   ) era el más caro de la tienda.

❿ Me ha tocado la lotería, (   ) están muy alegres mis hijos.

⓫ Buscaremos un hotel (   ) pasar una noche.

⓬ ¿Sabes qué libro es (   ) tenemos que leer?

⓭ Carmen, (   ) tío es mi jefe, se casará el próximo mes.

⓮ Juan me explicó (   ) tengo que hacer contigo.

⓯ No hay ningún problema (   ) resolver.

3. 문법적으로 틀렸거나 어색한 부분을 모두 바르게 고치시오.

❶ El que necesitamos ahora es pensar en el futuro.

❷ Es ese actor lo que provocó una sensación en Japón.

❸ Lo cual me dijiste es mentira.

❹ Tengo el libro que leer.

❺ Clara envió una carta a Pedro, con que quería casarse.

❻ Yo creo en todo lo cual dices.

❼ No tengo nada que vea contigo.

❽ La situación es más grave que lo que piensas.

❾ Me han robado el coche que comprar ayer.

❿ Por fin ellos han conseguido la libertad por lo que lucharon todos.

⓫ Necesito una libreta, en la que anotar el horario.

⑫ Tengo un cuadro su pintor es anónimo.

⑬ Aún me queda el plato que comer.

⑭ El acusado el que cometió un delito de robo ha comparecido ante la jueza.

⑮ Es la periodista, cuya artículo me encanta.

Lección 14

14.1. 직설법 가정미래
14.2. 직설법 가정미래완료
14.3. 숫자 읽기 2

14.1. 직설법 가정미래

앞 과에서 살펴본 단순미래의 기준 시점이 현재라면, 가정미래의 기준 시점은 과거이다. 즉, 「과거에서 바라본 미래」인 것이다. 그렇다고 해서 이 용법으로만 쓰이는 것은 아니다. 「과거를 추측」하거나 「예의를 갖춘 표현」에도 쓰이므로, 용법을 기준으로 해서는 한마디로 규정하기 힘든 시제이다. 이런 이유로 인해 교재마다 원어를 그대로 따라 「조건법」(condicional)이나 「가능법」(potencial) 등의 명칭으로 다양하게 사용된다. 그러나 이 시제는 별도의 법(modo)이 아닌 직설법의 하위 범주로 분류되므로, 이 교재에서는 이 시제의 성격을 종합적으로 가장 잘 표현하고 있다고 판단되는 명칭인 「futuro hipotético」, 즉 「가정미래」라는 용어를 사용한다.

14.1.1. 동사 변화

단순미래와 어간(동사원형)은 동일하고, 어미변화만 다르다. 즉, 「동사원형 + haber의 직설법 불완료과거 어미(ía, ías, ía, íamos, íais, ían)」형태를 갖는다. 단순미래와 마찬가지로 동사에 따라서는 어간 역할을 하는 동사원형이 변형되는 경우도 있다.

[규칙 변화]

hablar		comer		vivir	
hablaría	hablaríamos	comería	comeríamos	viviría	viviríamos
hablarías	hablaríais	comerías	comeríais	vivirías	viviríais
hablaría	hablarían	comería	comerían	viviría	vivirían

[불규칙 변화]: 어간 모음이 탈락되는 동사들

1) 자음(-d-)가 첨가되는 동사들

poner: pondría, pondrías, pondría, pondríamos, pondríais, pondrían
salir: saldría, saldrías, saldría, saldríamos, saldríais, saldrían
tener: tendría, tendrías, tendría, tendríamos, tendríais, tendrían
valer: valdría, valdrías, valdría, valdríamos, valdríais, valdrían
venir: vendría, vendrías, vendría, vendríamos, vendríais, vendrían

2) 자음이 첨가되지 않는 동사들

caber: cabría, cabrías, cabría, cabríamos, cabríais, cabrían
haber: habría, habrías, habría, habríamos, habríais, habrían
poder: podría, podrías, podría, podríamos, podríais, podrían
querer: querría, querrías, querría, querríamos, querríais, querrían
saber: sabría, sabrías, sabría, sabríamos, sabríais, sabrían

3) 어근 변화 동사들

decir: diría, dirías, diría, diríamos, diríais, dirían
hacer: haría, harías, haría, haríamos, haríais, harían

14.1.2. 용법

1) 과거에서 본 미래 [단순미래와 비교]

Carmina dijo que lo haría más tarde.
비교 Carmina dice que lo hará más tarde.

Dijeron que volverían en Navidad.
비교 Dicen que volverán en Navidad.

Él dijo que hoy llegaría tarde.
비교 Él dice que hoy llegará tarde.

Me prometió que vendría este fin de semana.

비교	Me promete que vendrá este fin de semana.

Me preguntó si podría pasar por mi despacho por la tarde.

비교	Me pregunta si puede pasar por mi despacho por la tarde.

참고

가정미래 대신 사용된 불완료과거도 "과거에서 본 미래"의 의미를 나타낼 수 있다. (☞ 11.1.2.)

Carmina dijo que lo hacía más tarde.

Dijeron que volvían en Navidad.

Dijo que venía mañana.

2) 과거 사실 추측

¿Qué hora sería cuando llegó Juan? -Serían las cinco. (= probablemente eran)

비교	¿Qué hora será ahora? -Serán las cinco. [현재 추측] ¿Qué hora es? -Son las cinco. [현재 확신]

Ayer habría mucha gente en la Plaza Mayor. (= probablemente había)

비교	Ahora habrá mucha gente en la Plaza Mayor. Ahora hay mucha gente en la Plaza Mayor.

En aquel entonces tendría unos 90 años. (= probablemente tenía)

비교	Ahora tendrá unos 90 años. Ahora tiene unos 90 años.

참고

과거의 사실뿐만 아니라, 단순미래보다는 정도가 약하지만 「현재나 미래를 추측」하는데 쓰일 수 있다.

Ellos no pueden pasar por la frontera sin visado.

Ellos no podrán pasar por la frontera sin visado.

Ellos no podrían pasar por la frontera sin visado.

3) 정중한 표현

¿Podría Ud. ayudarme?
¿Qué me recomendaría Ud.?
Yo creo que lo mejor sería no decir nada
¿Le importaría bajar el volumen de la radio?
Deberías ir al médico.

Me gustaría ir con Ud., pero no puedo, porque tengo mucho que hacer.
Me encantaría tomar una caña contigo, pero hace un minuto que mi padre me ha llamado para salir conmigo.
Te acompañaría al médico pero ahora me es imposible.

비교	¿Qué querría Ud.? ¿Qué quería Ud.? (☞ 11과 불완료과거) ¿Qué quiere Ud.?

4) 가정(hipótesis)으로서의 미래 행위

Sé que haría cualquier cosa por mí.
Estoy segura de que Pedro me ayudaría si tengo algún problema.
No dudamos que el profesor Lee nos atendería con mucho gusto.

14.2. 직설법 가정미래완료

14.2.1. 형태: 「haber의 가정미래 + 과거분사」

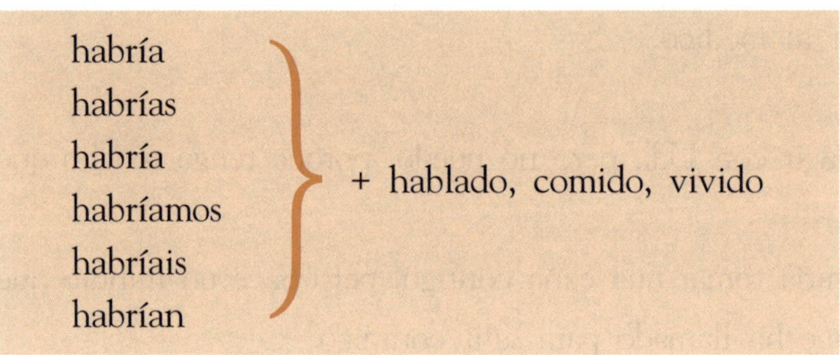

habría
habrías
habría
habríamos
habríais
habrían
} + hablado, comido, vivido

14.2.2. 용법

1) 과거에서 본 미래완료

Dijeron que ya lo habrían hecho pasado mañana.
비교 Dicen que ya lo habrán hecho pasado mañana.

Pedro me dijo que ya habría llegado el paquete a mi casa.
비교 Pedro me dice que ya habrá llegado el paquete a mi casa.

Irene dijo que ellos ya habrían ido de vacaciones.
비교 Irene dice que ellos ya habrán ido de vacaciones.

2) 과거의 행위를 이루지 못한 것에 대한 아쉬움의 표현 ('~했을텐데...')

Yo me habría divertido un poco más. [시간만 더 있었더라면]

Tú habrías pasado el examen. [조금만 더 준비했더라면]
La excursión habría sido fantástica. [비만 오지 않았더라면]
Me habría gustado hacerlo. [그러나 할 수 없었다]

3) 대과거에 대한 추측

¿Por qué llegó tarde al examen Ignacio?
- Se habría quedado dormido en casa. (= Probablemente se había quedado dormido)
¿Por qué estaba llorando la chica?
- Habría roto con su novio. (= Probablemente había roto con su novio)
La llamé anoche, pero no contestó el teléono. Habría salido.
(= Probablemente había salido cuando llamé.)

14.3. 숫자 읽기 2 (☞ 4.1. 숫자 읽기 1)

14.3.1. 서수 2: 11번째 이상

11° undécimo
12° duodécimo
13° decimotercero(-tercio)
14° decimocuarto
15° decimoquinto
16° decimosexto

200° duocentésimo
300° tricentésimo
400° cuadringentésimo
500° quingentésimo
600° sexcentésimo
700° septingentésimo

17º decimoséptimo
18º decimoctavo
19º decimonoveno(-nono)
20º vigésimo
21º vigésimo primero
22º vigésimo segundo
23º vigésimo tercero
24º vigésimo cuarto
.....
30º trigésimo
40º cuadragésimo
50º quincuagésimo
60º sexagésimo
70º septuagésimo
80º octogésimo
90º nonagésimo
100º centésimo

800º octingentésimo
900º noningentésimo
1,000º milésimo
2,000º dosmilésimo
3,000º tresmilésimo
4,000º cuatromilésimo
1,000,000º millonésimo

El milésimo gol de Pelé se marcó el 19 de noviembre de 1969 contra Vasco da Gama.
Corea cayó al vigésimo segundo puesto en el ranking mundial de fútbol.
Hoy es mi decimonoveno cumpleaños.
Este año es el quincuagésimo aniversario de la boda de mis padres.
El año pasado fue el quinto centenario del descubrimiento de América Latina.
Su hijo ganó la medalla de oro en la trigésima tercera Olimpiada Internacional de Matemáticas.

14.3.2. 사칙연산(四則演算)

$3 + 6 = 9$	tres más seis son nueve.
$10 - 3 = 7$	diez menos tres son siete.
$4 \times 5 = 20$	cuatro por cinco son veinte.
$8 \div 4 = 2$	ocho dividido por cuatro son dos. (또는 ocho entre cuatro son dos.)

14.3.3. 분수(分數)

분자에는 기수를 분모에는 서수를 쓴다. 1/2과 1/3에서는 분모에 각각 정해진 명사(medio, tercio)를 쓴다. 모든 경우에 분자가 복수이면 분모도 복수가 된다.

$\frac{1}{2}$ un medio (또는 la mitad)

$\frac{1}{3}$ un tercio (또는 una tercera parte)

$\frac{1}{4}$ un cuarto (또는 una cuarta parte)

$\frac{1}{5}$ un quinto (또는 una quinta parte)

$\frac{1}{10}$ un décimo (또는 una décima parte)

$\frac{2}{3}$ dos tercios (또는 dos terceras partes)

$\frac{3}{4}$ tres cuartos (또는 tres cuartas partes)

$\frac{5}{6}$ cinco sextos (또는 cinco sextas partes)

$1\frac{1}{4}$ uno y un cuarto (또는 uno y una cuarta parte)

$2\frac{3}{4}$ dos y tres cuartos (또는 dos y tres cuartas partes)

분모가 11 이상인 경우는 기수에 -avo(s)를 붙여 표현한다.

$\frac{1}{12}$ un doceavo (또는 una doceava parte)

$\frac{3}{22}$ tres veintidosavos (또는 tres veintidosavas partes)

$\frac{15}{32}$ quince treintaidosavos (또는 quince treintaidosavas partes)

14.3.4. 소수(小數)

스페인어 권에서는 소수점을 대체로 coma(,)로 쓰고 읽는다.

0,4 cero coma cuatro (또는 cero con cuatro)

3,8 tres coma ocho (또는 tres con ocho)

11,9 once coma nueve (또는 once con nueve)

3,14 tres coma catorce (또는 tres con catorce)

6,23 seis coma veintitrés(또는 seis con veintitrés)

그러나, 라틴아메리카 일부 지역에서는 coma 대신 punto(.)로 쓰고 읽는 경우도 있다.

0.4 cero punto cuatro

3.8 tres punto ocho

11.9 once punto nueve

3.14 tres punto catorce

6.23 seis punto veintitrés

참고

다음은 수와 관련된 도형과 그 형용사이다.

triángulo 삼각형	triangular
cuadrado 사각형	cuadrangular
pentágono 오각형	pentagonal
hexágono 육각형	hexagonal
octágono 팔각형	octagonal
decágono 십각형	decagonal
polígono 다각형	poligonal

‖연습문제‖

1. 괄호 안의 동사를 가정미래나 가정미래완료로 알맞게 변화시키시오.

❶ Yo creí que Isabel _________(poder) aguantar la tristeza.

❷ Elena dijo que _________(visitar) a su familia el próximo mes.

❸ Creía que _________(obtener) buenas notas este semestre.

❹ ¿Qué _________(ser) aquello que se movía en el sótano?

❺ Señorita, ¿_________(poder) traerme un café con leche?

❻ Maribel pensaba que los invitados ya _________(regresar) a casa.

❼ Ayer ella dijo que _________(estudiar) por la noche, pero no lo hizo.

❽ Cuando llegaste ya _________(partir) el autobús, ¿no?

❾ El gobierno dijo que el consumo de tabaco de los jóvenes _________ (duplicarse) en 5 años.

❿ Me _________(gustar) ir al cine contigo, pero tengo muchas cosas que hacer hoy.

⓫ Yo pensaba que a la vuelta ya le _________(arreglar) el coche.

⓬ ¡Qué pena! Nosotros _________(poder) acabar esto.

⓭ Ya sabes que nosotros _________(luchar) por la patria.

⓮ ¿Por qué no viniste al cine con nosotros? _________(divertirse) mucho.

⓯ Yo _________(querer) un kilo de tomates.

2. 괄호 안에 있는 동사의 가정미래형을 쓰시오.

❶ Ella dijo que su hijo ________(hacer) su tarea para la clase.

❷ ¿Dónde ________(poner) él todo el dinero?

❸ Dijo que me ________(ayudar) en el trabajo.

❹ Confesó que ________(decir) toda la verdad ante el comité.

❺ Dijo que vosotros ________(recibir) varias cartas de la universidad dentro de poco.

❻ ¡Tú ________(tener) que participar en el juego de fútbol!

❼ Sus padres dijeron que ella ________(salir) a festejar el cumpleaños de nuestros compañeros.

❽ ¿Quién lo ________(saber) mejor que ella?

❾ Yo ________(querer) ir contigo hasta el fin del mundo.

❿ ¿________(poder) tú ayudarme?

3. 문법적으로 틀렸거나 어색한 부분을 모두 바르게 고치시오.

❶ Carolina me dijo que viene mañana.

❷ Ella me dijo que sus padres ya habrán llegado a Madrid a esa hora.

❸ Creía que ellos ya se habrán conocido en aquella reunión.

❹ ¿Habrá muchos debates en la conferencia de ayer?

❺ Te dije que lo haré.

❻ Hoy estudiaremos el quince capítulo.

❼ Ya vivimos en el veinte siglo.

❽ Mañana es mi diecinueve cumpleaños.

❾ ¿Qué hora será cuando llegó ella?

❿ $\frac{1}{2}$ se lee un segundo.

4. 다음을 스페인어로 쓰시오.

❶ $2 + 7 = 9$

❷ $9 - 5 = 4$

❸ $3 \times 5 = 15$

❹ $4 \div 2 = 2$

❺ $\frac{2}{3}$

❻ $3\frac{4}{5}$

❼ 0,6

❽ 12,2

❾ 20번째

❿ 45번째

⓫ 101번째

⓬ $\frac{8}{15}$

⓭ $\frac{3}{17}$

⓮ $\frac{5}{11}$

⓯ 35.27

Lección 15

15.1. 접속법 현재 1

15.1. 접속법 현재 1

15.1.1. 개요

지금까지 배운 직설법(直說法)이 화자의 「확신」 또는 「단정」을 표현하는 법이라면, 접속법(接續法)은 주절의 주어가 종속절 내용의 실현 여부에 대해 확신하지 못하는 경우에 사용되는 법이다. 따라서 주절의 동사가 주로 '희망/원망(願望), 불신(不信)/불확신, 회의(懷疑)/부정(否定), 부탁/권고, 사역(使役)/명령, 금지/허용' 등의 의미를 갖고 있는 경우와 '화자의 감정'을 담고 있는 경우에 종속절에서 사용된다.

15.1.2. 동사 변화

[규칙 변화]

hablar		comer		vivir	
hable	hablemos	coma	comamos	viva	vivamos
hables	habléis	comas	comáis	vivas	viváis
hable	hablen	coma	coman	viva	vivan

[불규칙 변화]

불규칙이라도 주로 직설법 현재 1인칭 단수 어간에 준해 어미가 변화한다.

1) 직설법 1인칭 단수와 어간 동일형

poner(pongo): ponga, pongas, ponga, pongamos, pongáis, pongan
tener(tengo): tenga, tengas, tenga, tengamos, tengáis, tengan

venir(vengo): venga, vengas, venga, vengamos, vengáis, vengan

caer(caigo): caiga, caigas, caiga, caigamos, caigáis, caigan

decir(digo): diga, digas, diga, digamos, digáis, digan

hacer(hago): haga, hagas, haga, hagamos, hagáis, hagan

salir(salgo): salga, salgas, salga, salgamos, salgáis, salgan

pedir(pido): pida, pidas, pida, pidamos, pidáis, pidan

seguir(sigo): siga, sigas, siga, sigamos, sigáis, sigan

servir(sirvo): sirva, sirvas, sirva, sirvamos, sirváis, sirvan

caber(quepo): quepa, quepas, quepa, quepamos, quepáis, quepan

coger(cojo): coja, cojas, coja, cojamos, cojáis, cojan (exigir, elegir)

huir(huyo): huya, huyas, huya, huyamos, huyáis, huyan (construir, destruir)

reír(río): ría, rías, ría, riamos, riais, rían

conocer(conozco): conozca, conozcas, conozca, conozcamos, conozcáis, conozcan (placer, lucir, crecer, nacer, yacer)

vencer(venzo): venza, venzas, venza, venzamos, venzáis, venzan

2) 어간 변화형

adquirir(adquiero): adquiera, adquieras, adquiera, adquiramos, adquiráis, adquieran

dormir(duermo): duerma, duermas, duerma, durmamos, durmáis, duerman

morir(muero): muera, mueras, muera, muramos, muráis, mueran

poder(puedo): pueda, puedas, pueda, podamos, podáis, puedan (contar, probar, volver)

querer(quiero): quiera, quieras, quiera, queramos, queráis, quieran (cerrar, entender, perder, preferir, sentarse)

sentir(siento): sienta, sientas, sienta, sintamos, sintáis, sientan (advertir, herir, hervir, mentir) alzar(alzo): alce, alces, alce, alcemos, alcéis, alcen

empezar(empiezo): empiece, empieces, empiece, empecemos, empecéis, empiecen

pagar(pago): pague, pagues, pague, paguemos, paguéis, paguen (cargar, llegar, negar, rogar)

sacar(saco): saque, saques, saque, saquemos, saquéis, saquen (explicar, suplicar)

3) 완전 불규칙형

dar(doy): dé, des, dé, demos, deis, den

estar(estoy): esté, estés, esté, estemos, estéis, estén

haber(he): haya, hayas, haya, hayamos, hayáis, hayan

ir(voy): vaya, vayas, vaya, vayamos, vayáis, vayan

saber(sé): sepa, sepas, sepa, sepamos, sepáis, sepan

ser(soy): sea, seas, sea, seamos, seáis, sean

15.1.3. 명사절

1) 목적어 기능 명사절

위에서 설명한 대로, 접속법은 아래와 같은 주동사의 성격에 따라 목적어 역할을 하는 종속절에서 사용된다. 명사절에서는 주절의 주어와 종속절의 주어가 다를 때 종속절에 접속법이 사용될 수 있다.

[희망/원망(願望)]

Quiero que tú llegues a tiempo a la clase.

비교 Quiero llegar a tiempo a la clase.

Espero que Ud. estudie mucho español.

비교 Espero estudiar mucho español.

Siempre rogamos a Dios que nos ayude.

(Espero) Que me lo digas.

(Esperamos) Que no llueva mañana.

(Espero) Que ella no se oponga a mí.

[불신(不信)/불확신]

No creo que ella sea mexicana.

비교 Creo que ella es mexicana.

No estoy seguro de que él viva en ese barrio.

비교 Estoy seguro de que él vive en ese barrio.

[회의(懷疑)/부정(否定)]

Ella duda que ellos lleguen a tiempo.

비교 Ella no duda que ellos llegan a tiempo.

Niego que ella piense solo en ti.

비교 No niego que ella piensa solo en ti.

[부탁/권고]

Le pedimos a Maribel que no llore más.

= Le pedimos a Maribel no llorar más.

Le recomiendo a Ud. que se acerque a la oficina para saber el resultado.

= Le recomiendo a Ud. acercarse a la oficina para saber el resultado.

[사역(使役)/명령]

Le mando a mi hija que no haga muchos juegos de internet.

= Le mando a mi hija no hacer muchos juegos de internet.

Te ordeno que lo hagas a la brevedad posible.

= Te ordeno hacerlo a la brevedad posible.

Ellos me hacen que lo lleve a casa.

= Ellos me hacen llevarlo a casa.

Ella nos advierte que no hablemos alto en la biblioteca.

= Ella nos advierte no hablar alto en la biblioteca.

Los padres dicen a sus hijos que lo hagan de inmediato.

→ Los padres dicen a sus hijos hacerlo de inmediato. (x)

[금지/허용]

El profesor prohíbe a sus alumnos que fumen en la clase.

= El profesor prohíbe a sus alumnos fumar en la clase.

Mis padres me permiten que viaje por Europa.

= Mis padres me permiten viajar por Europa.

Él me deja que pase por allí.

= Él me deja pasar por allí.

[화자의 감정]

Me alegro de que ya esté mejor tu padre.

Temo que no apruebes los exámenes.

Lamento que no podamos vernos esta semana.

Sentimos mucho que no estés aquí con nosotros.

경우에 따라서는 「기원(祈願)」이나 「추측」을 나타내는 부사와 함께 독립절에서 쓰이기도 한다. ojalá는 반드시 동사의 접속법형을 요구하지만 quizá, tal vez, posiblemente, probablemente 등의 부사들은 화자의 확신의 정도에 따라 직설법과 접속법 모두 사용이 가능하다.

¡Ojalá (que) nieve mañana!

¡Ojalá vuelvas pronto!

Quizá no venga hoy.

비교 Quizá no viene hoy.

Posiblemente tengas razón.

비교 Posiblemente tienes razón.

Tal vez ella esté de acuerdo conmigo.

비교 Tal vez ella está de acuerdo conmigo.

Probablemente sea cierto.

비교 Probablemente es cierto.

복습

직설법은 주절의 주어가 종속절의 내용을 확신하거나 단정할 때 쓰이는 데 반해, 접속법은 종속절 내용의 실현 여부를 「희망, 불확실, 불확신, 회의, 부탁, 명령, 금지, 부정」할 때 쓰인다.

Pienso que ella va a venir.

No pienso que ella venga.

Te digo que Santi está enamorado de ella.

No te digo que Santi esté enamorado de ella.

Me parece que él es mentiroso.

No me parece que él sea mentiroso.

Es que él no es tan sincero.

No es que él sea tan sincero.

Creo que ella es mexicana.
No creo que ella sea mexicana.
¿Crees que ella sea mexicana?

Armando está seguro de que ella gana mucho dinero.
Armando no está seguro de que ella gane mucho dinero.

No dudo que ellos llegan a tiempo.
Dudo que ellos lleguen a tiempo.

2) 주어 기능 명사절

「ser/estar + 형용사/명사 + que」라는 비인칭 구문을 일컫는 것으로써, 이 경우에는 술부, 즉 「ser + 형용사/명사」의 의미에 따라 주어 역할을 하는 que 절 동사의 법이 결정된다. 술부가 「가능」, 「필요」, 「추측」, 「선호」, 「의심」등의 의미일 때는 접속법을, 「확신」이나 「확실」의 의미일 때는 직설법이 쓰인다.

Es deseable que lo hagáis lo más pronto posible.
비교 Es deseable hacerlo lo más pronto posible.

Es posible que regresemos a casa el mes que viene.
비교 Es posible regresar a casa el mes que viene.

Es imposible que lleguemos a tiempo a la clase.
비교 Es imposible llegar a tiempo a la clase.

Es necesario que llevemos entradas para ver la ópera.
비교 Es necesario llevar entradas para ver la ópera.

Es preciso que esperemos nuestro turno.
비교 Es preciso esperar el turno.

Es probable que él pueda ganar más dinero que tú.
비교 Es probable ganar más dinero.

Es bueno que te levantes un poco más temprano.

비교 Es bueno levantarse un poco más temprano.

Es mejor que estudies unas horas más al día.

비교 Es mejor estudiar unas horas más al día.

Es dudoso que saques buena nota sin preparar las lecciones.

비교 Es dudoso sacar buena nota sin preparar las lecciones.

Es importante que leamos muchos libros en la universidad.

비교 Es importante leer muchos libros en la universidad.

Es fácil que dominemos el español.

비교 Es fácil dominar el español.

Es difícil que dominemos un idioma extranjero sin sufrimiento.

비교 Es difícil dominar un idioma extranjero sin sufrimiento.

Es suficiente que rellene el formato.

비교 Es suficiente rellenar el formato.

Es conveniente que nos entregue Ud. el documento cuanto antes.

비교 Es conveniente entregar el documento cuanto antes.

Es bastante que abone el importe en la ventanilla.

비교 Es bastante abonar el importe en la ventanilla.

Es aconsejable que aprendáis a conducir antes de graduaros.

비교 Es aconsejable aprender a conducir antes de graduarse.

No es cierto que ella sea española.

비교 Es cierto que ella es española.

No es seguro que ellos vengan mañana.

비교 Es seguro que ellos vienen mañana.

No es evidente que nieve mañana.

비교 Es evidente que nieva mañana.

No es verdad que se casen el mes que viene.

비교 Es verdad que se casan el mes que viene.

No está claro que mis padres lo sepan.

비교 Está claro que mis padres lo saben.

비인칭 구문은 아니지만, 아래 구문도 que절이 주어 기능을 한다.

No me gusta que ella me llame por teléfono en cualquier momento.

Me encanta que me envíes un e-mail.

Me importa mucho que asistas a la reunión mañana.

‖ 연습문제 ‖

1. 괄호 안의 동사를 적절히 변화시키시오.

❶ Espero que ___________(venir) tú mañana.

❷ Dudo que él lo ___________(hacer) pasado mañana.

❸ Estoy seguro de que ella ___________(ir) a Seúl mañana.

❹ Me alegro mucho de que tus padres ___________(regresar) de España la semana que viene.

❺ Es cierto que nosotros ___________(tener) que estudiar mucho.

❻ No creo que nosotros ___________(poder) conseguir un buen trabajo sin estudiar mucho.

❼ ¡Ojalá ___________(nevar) mañana!

❽ No estamos seguros de que ella ___________(llegar) a tiempo.

❾ El profesor nos prohíbe que ___________(fumar) en la clase.

❿ Mi mamá me dice que ___________(preparar) la cena.

⓫ Ella me pide que ___________(visitar) mañana a sus abuelos.

⓬ Es necesario que tú me lo ___________(avisar) lo antes posible.

⓭ Es dudoso que él ___________(hacer) la tarea dentro de hoy.

⓮ No es inconveniente que nosotros le ___________(decir) a Ud. que está aprobado en el examen.

⓯ Probablemente ___________(ser) argentina.

2. 문법적으로 틀렸거나 어색한 부분을 모두 바르게 고치시오.

❶ Temo que me olvidas.

❷ Es evidente que ella esté resfriada.

❸ Espero que vienes a mi casa mañana.

❹ Creo que no vayan a salir esta noche.

❺ Es cierto que puedas encontrar un buen trabajo.

❻ No es verdad que ella es mentirosa.

❼ Es importante que estudiamos mucho español.

❽ Te prohíbo que fumas.

❾ El profesor le manda que sale de la clase.

❿ Estoy seguro de que nuestro equipo gane el partido.

⓫ Ruego que te sale bien el examen.

⓬ Es imposible que llegamos a tiempo.

⓭ Los padres le ordenan que vuelve a casa pronto.

⓮ Es muy dudoso que ese cuadro es de Goya.

⓯ Me alegro de que estás muy bien.

3. 다음 문장들의 괄호 속 동사를 「동사원형」 또는 「que + 절」의 형태로 적절히 변화시키시오.

❶ Queremos (llover) mucho mañana.

❷ Juan me recomienda (asistir, yo) a la reunión.

❸ Deseo (entrar, yo) en esa universidad el año que viene.

❹ Nos aconseja (visitar, nosotros) la oficina de Juan.

❺ Me gusta (viajar, yo) en tren.

❻ Es necesario (intentarlo, vosotros) de nuevo.

❼ Siento (tener, tú) que hacer un viaje sola.

❽ María les manda a sus hijos (acostarse, ellos) pronto.

❾ Me piden (matricularse, yo) en el curso de verano.

❿ Prefieren (comprobar, yo) lo que ha dicho Ricardo.

Lección 16

16.1. 접속법 현재 2
16.2. 무의지의 se와 강조의 se

16.1. 접속법 현재 2

16.1.1. 형용사절

선행사가 「불확실」, 「부정(不定)」의 의미를 내포하고 있거나, 문장의 내용이 실현 불가능한 경우 접속법이 쓰인다.

Quiero comprar una camisa que tenga botones azules.

비교 Quiero comprar una camisa que tiene botones azules.

Buscamos un estudiante que hable bien inglés.

비교 Buscamos a un estudiante que habla bien inglés.

¿Hay alguien que conozca a María?

비교 Hay muchas personas que conocen a María.

No tengo ningún libro que trate de ese tema.
Aquí no hay nadie que pueda hacerlo.
No conozco a nadie que lo sepa.
En esta exposición no hay nada que me encante.
Te daré todo lo que pueda.
Voy a hacer todo lo que me diga.

비교 Voy a hacer todo lo que me dice.

¿Quién será la que me quiera a mí?

비교 ¿Quién será la que me quiere a mí?

El día que deje de salir el sol y la luna deje de alumbrar, y las estrellas dejen de brillar, ese día te dejaré de amar.

Cuando las flores pierdan su color y no exista la palabra amor, y todo el mar se llegue a congelar, ese día te dejaré de amar.
El día que el eco no quiera repetirme a gritos que te adoro, te dejaré de amar.
El día que el pájaro no cante en primavera y la esperanza muera, te dejaré de amar.

16.1.2. 부사절

종속절의 내용이 주절에 비해 아직 실현되지 않은 경우 접속법이 사용된다. 그러나 종속절의 내용이 아직 실현되지 않았더라도 늘 일어나는 일이라면 직설법을 쓴다. 명사절에서는 주절의 주어와 종속절의 주어가 달라야 하지만 부사절에서는 동일할 때에도 쓰인다.

1) 시간 (cuando, mientras, antes de que, después de que, hasta que, tan pronto como, en cuanto, siempre que)

Te llamaré cuando llegue a casa.
비교 Te llamé cuando llegué a casa.

Siempre que tengas tiempo, puedes pasar por mi casa.
비교 Siempre que tenías tiempo, pasabas por mi casa.

Mientras veas la televisión, yo iré de compras.
비교 Mientras veías la televisión, yo fui de compras.

Antes de que termine la película, yo voy a salir del cine.
비교 Antes de terminar la película, yo salí del cine.

Después de que Verónica vuelva de México, él va a empezar un nuevo negocio con ella.

비교	Después de que Verónica volvió de México, él empezó un nuevo negocio con ella.

La esperaré hasta que venga.

비교	La esperé hasta que vino.

Tan pronto como llegues, te pagaré toda la deuda.

비교	Tan pronto como llegaste(= hubiste llegado), te pagué toda la deuda.

2) 목적 (para que, a que, a fin de que, de modo que, de manera que)

이 접속사들은 그 의미상 ('~하기 위하여') 늘 아직 실현되지 않은 일만을 언급하므로 항상 접속법이 요구된다.

Me esfuerzo a fin de que me seleccionen para el equipo.
Mi mamá me despierta temprano para que no llegue tarde a la clase.
Vengo a que le explique otra vez el tema.

Salen de aquí de modo/manera que nadie los vea.

비교	Salieron de aquí, de modo/manera que nadie los vio.

참고

de modo que와 de manera que가 설명적 용법으로 쓰이면 '그러므로,' 따라서' 라는 의미가 되므로, 직설법이 요구된다.

Me levantaré temprano de modo que llegue a tiempo.
Me levanté temprano, de modo que llegué a tiempo.

3) 조건 (con tal (de) que, en (el) caso de que, a menos que, a no ser que, sin que)

El Presidente no asistirá a la conferencia de la cumbre a menos que le garanticen la seguridad.

비교 El Presidente asistirá a la conferencia de la cumbre si le garantizan la seguridad.

El Presidente asistirá a la conferencia de la cumbre con tal (de) que le garanticen la seguridad.
El Presidente asistirá a la conferencia de la cumbre en (el) caso de que le garanticen la seguridad.
Esta noche nos vamos a bailar a no ser que estés cansada.
No podemos abrir el bar a menos que nos den el permiso de sanidad.
No pasa ni un día sin que me sorprenda por algo.

주의

a menos que, a no ser que, sin que는 그 자체로 부정(否定)의 의미를 내포하고 있으므로 별도로 부정어(no)가 필요하지 않으며, con tal (de) que, en (el) caso de que와 더불어 항상 접속법이 요구된다. 그러나 가장 대표적인 조건 접속사인 si절에서는 접속법 현재가 쓰이지 않는다. 미래의 것을 가정한다 해도 직설법이 사용된다.

Si tengo tiempo, te visitaré. (o)
Si tenga tiempo, te visitaré. (x)

4) 방법, 양태(樣態) (como, según)

Viviremos como queramos nosotros y no como nos digan ellos.
¿De qué manera lo hacemos? – Como tú quieras.
Lo haré según me digan.
Actuaré según vea la situación.

주의

como, según이 '~하는 대로'라는 방법의 의미로 쓰일 때, 항상 접속법이 요구되는 것은 아니다. 방법의 내용이 이미 알려진 것(conocido)이라면 직설법, 알려지지 않은 것(desconocido)이라면 접속법이 사용된다.

Tienes que hacerlo como te dije yo.
Juan canta según le enseñó su madre.

한편, como가 이유(= porque)의 의미일 때 직설법이 사용된다.

Como no recibió la invitación, no participó en la ceremonia.

5) 양보 (aunque, a pesar de que, por muy/más + 형용사 + que, por más/mucho + 명사 + que, por + 부사 + que)

Aunque llueva mañana, iremos de picnic.
Por más inteligentes que seamos, no podemos dominar un idioma extranjero en un año.
Por muy listo que seas, no puedes engañarme.
Por muchas dificultades que tengamos, podemos seguir adelante.
Por poco que estudies, sacarás buenas notas.

주의

aunque, a pesar de que, 「por más/mucho + 명사 + que」 구문에서 현재나 과거의 확실한 일을 기술하는 경우에는 직설법이, 미래의 일이나 불확실한 사실을 기술하는 경우에는 접속법이 요구된다.

Aunque llueve ahora, iremos de picnic.
Aunque llovió ayer, fuimos de picnic.
Por más esfuerzos que ha hecho, aún no lo ha conseguido.

- 기타 관용적으로 쓰이는 양보의 부사절

Hay que hacerlo cueste lo que cueste.
Digan lo que digan, esta guerra es ilegal.
Pase lo que pase, estaré a tu lado.

Hagan lo que hagan, el pueblo triunfará.
El nuevo producto de esta empresa, sea lo que sea, siempre está de moda.
Vayas donde vayas, te voy a alentar.
Compraré ese vestido cualquiera que sea el precio.
La buscaré dondequiera que esté.
Quienquiera que sea, debes hablar con él.
Puedes llamarme cuandoquiera que sea (= cualquier momento).
Cualesquiera que sean los motivos, no se justifica su reacción.
Quienesquiera que sean ellos, no serán perdonados.

16.2. 무의지의 se와 강조의 se

16.2.1. 무의지의 se

어떤 일이 자신의 의지와는 무관하게 진행되는 듯한 느낌을 표현한다.

Se me cayó el bolígrafo.
Se me ocurre una buena idea.
No se me ocurre qué decirte.
Se te murió el gato.
Se le salió el balón.
Se me perdió el cuaderno en el que yo tenía apuntadas todas las direcciones.
Se me escapó una buena oportunidad de hacerlo.

Se me olvidó traer el libro.

비교	Me olvidé de traer el libro. Olvidé traer el libro.

16.2.2. 강조의 se

Juan se comió todas las manzanas.

De repente se murió Juan ayer.

Julia se fue a Madrid.

¿Ya te vas? -Sí, ahora me voy.

Pedro se subió a la segunda planta.

María se durmió tan pronto como entró en casa.

복습 se의 용법

1) 간접 목적격 (☞ 3과)

Se los dio a ella. (= Le dio estos libros a ella).

Se lo regalaré. (= Le regalaré un diamante a ella.)

2) 재귀 (☞ 3과)

¿Cómo se llama? -Me llamo Pedro.

Se despertó muy temprano.

3) 상호 (☞ 9과)

Nos amamos.

Se odiaron uno a otro.

4) 수동 (☞ 11과)

Se rompió la ventana.

Se quemó la casa.

5) 비인칭(일반주어) (☞ 11과)

Se dice que su padre es un millonario. (= Dicen que).

Se habla español en varios estados de los EE.UU.

‖ 연습문제 ‖

1. 괄호 안의 동사를 알맞게 변화시키시오.

❶ En este parque de atracción no hay nada que me ___________(fascinar).

❷ ¿Conoces a alguien que ____________(poder) explicármelo?

❸ En esta clase hay un estudiante que ___________(bailar) muy bien Salsa.

❹ Cuando ____________(florecer) la magnolia, te escribiré.

❺ Te llamaré si ____________(nevar) mañana.

❻ Ella me regala un libro para que ____________(estudiar) la literatura latinoamericana.

❼ A no ser que tú ____________(ir), yo tampoco iré.

❽ Ella no me lo avisó, de manera que yo no ___________(participar) en la reunión.

❾ Puede pasar por nuestra tienda cuando ____________(querer) Ud.

❿ Todos los alumnos se sientan a la mesa antes de que ____________ (empezar) la clase.

⓫ Por mucho que __________(esforzarse), no podemos dominar español en tan poco tiempo.

⓬ Se lo expliqué bien a ellos, de modo que lo _________(entender) todos.

⓭ Como no __________(conseguir) la entrada, no pude entrar en el concierto.

⓮ Por más guapo que ____________(ser), no me gusta ese actor.

⓯ Aunque ____________(llover), la ceremonia tendrá lugar al aire libre.

⓰ Cuando ____________(estar) muy nerviosa, me voy de compras.

⑰ He recibido un e-mail en el que ____________(pedir) un presupuesto.

⑱ En caso de que no ____________(ir) al cine, te avisaremos.

⑲ Mi jefe está buscando una secretaria que __________(saber) contabilidad.

⑳ Tengo un amigo que ____________(escribir) poemas.

㉑ Sin que tú me ____________(ayudar), no podré lograr el fin.

㉒ Iré a la secretaría a fin de que me ____________(informar) de esto.

㉓ A pesar de que ayer ____________(nevar) mucho, jugaron al fútbol.

㉔-㉕ La telefonearé para __________(decirle) que __________(terminar) su informe cuanto antes.

2. 문법적으로 틀렸거나 어색한 부분을 모두 바르게 고치시오.

❶ Busco un alumno que habla bien el español y el inglés.

❷ En este museo hay muchísimas cosas que me encanten.

❸ Él pide la cuenta antes de que come el postre.

❹ Me lo explica muy bien, de modo que yo lo comprenda todo.

❺ Tan pronto como empieza la clase, se lo preguntaré al profesor.

❻ ¿Adónde vamos? -Adonde quieres.

❼ Por mucho que come, ella no engorda.

❽ Por más fácil que será el examen, es imposible contestar perfectamente.

❾ Anoche le ocurrió esa idea a él.

❿ Él solo no puede hacer nada sin que le ayuda su mamá.

⓫ Juan va a la fiesta, aunque llueva ahora.

⓬ Si yo esté libre, te llamaré por teléfono.

⓭ No sé si ella venga o no.

⓮ Como siempre me digas, él es un imbécil.

⓯ Te hace falta reexaminarlo para que no repites el mismo error.

⑯ Cuando esté en casa, lo primero que hago es encender la TV.

⑰ Ana hizo el trabajo como le indique su padre.

⑱ No conozco ningúna película que te puede interesar.

⑲ Voy a acompañarte a fin de que no te equivocas de camino.

⑳ Pedro es tan engañoso que yo no quiera hablar con él.

㉑ ¿Conoces algún banco que ofrece cuentas corrientes gratis?

㉒ Te esperaré hasta que sales del trabajo.

㉓ Ella me llama siempre que tenga un problema con el ordenador.

㉔ Retrasaremos la fecha de la entrevista, si a Ud. no le importe

㉕ Cuando vaya a su casa nunca me hace caso.

Lección 17

17.1. 분사 구문
17.2. 접속사 대신 쓰이는 부정사 구문
17.3. 축약 부정어(否定語)

17.1. 분사 구문

분사구문이란 「원인(porque)」, 「조건(si)」, 「양보(aunque)」, 「시간(cuando)」 등의 접속사로 인도되는 부사절을 현재분사나 과거분사를 이용해 구로 만드는 것이다. 접속사가 없기 때문에 문맥에 따라 다양하게 해석될 소지가 있으므로 주의를 요한다.

17.1.1. 현재분사 구문

부사절의 내용이 아직 완료되지 않았거나 주절과 동시동작인 경우에는 부사절의 동사를 현재분사로 바꾸어 표현할 수 있다.

1) 원인 (como, porque)

Viendo que su madre aún no llegaba, decidió esperarla un poco más. (= Como veía que ~)
Creyendo que era difícil, lo dejó. (= Como creía que ~)
Sonríe Cristina, deseando mostrarse menos preocupada.
(= porque desea mostrarse ~)

2) 조건 (si)

Trabajando todo el día, podrás terminarlo hoy. (= Si trabajas ~)
Yendo todos juntos, podremos convencerle. (= Si vamos ~)
Hablando con él, creo que podemos saber la verdad.
(= Si hablamos ~)

3) 양보 (aunque)

Aun corriendo, no alcanzó el autobús.
(= Aunque corrió ~)
Sabiendo que él estaba enfermo, ella no se lo dijo a nadie.
(= Aunque sabía que ~)
Viviendo en Córdoba, todavía no conoce la Mezquita.
(= Aunque vive ~)

4) 시간 (cuando, después de que)

Por poco se cayó saliendo de casa.
(= cuando salía de casa)
Los conocí estudiando en Argentina.
(= cuando estudiaba en Argentina)
Paseando por el parque, me encontré con Ana.
(= cuando paseaba por el parque)

부사절의 시제가 주절의 시제보다 앞선 경우에는 복합시제로 표현한다.

Habiendo llenado el depósito, arranqué el coche.
(= Después de que había llenado el depósito)
Habiendo caminado tres kilómetros, nos dimos cuenta de que íbamos en dirección contraria.
(= Después de que habíamos caminado tres kilómetros)
Habiendo entrado el director, se pusieron todos a trabajar.
(= Después de que había entrado el director)

17.1.2. 과거분사 구문

부사절의 내용이 수동이나 완료의 의미를 갖는 경우에는 부사절의 동사를 과거분사로 바꾸어 표현할 수 있다. 현재분사와는 달리, 과거분사는 형용사적으로 쓰인 것이므로 해당 명사에 성·수를 일치시켜야 한다.

1) 원인 (como, porque)

Preparados los informes, salió de la oficina. (= Como fueron preparados ~)
Bombardeada la ciudad, los pobladores se refugiaron.
(= Como fue bombardeada ~)

2) 조건 (si)

Una vez instalado el nuevo programa, debe arrancarse el ordenador de nuevo. (= Si está instalado / Cuando ha estado instalado ~)
Una vez abierta la caja, no se puede devolver el producto.
(= Si está abierta / Cuando esté abierta ~)

3) 시간 (cuando, después de que)

Acabada la sesión, los diputados salieron de la Cámara.
(= Cuando acabó / Como había acabado ~)
Inundado por las fuertes lluvias, todo el pueblo se marchó desesperado. (= Después de que fue inundado / Como fue inundado ~)

4) 양보 (aunque)

Terminado el partido, los jugadores no salen del estadio.
(= Aunque ha terminado ~)
Arrebatado por el huracán, todo el mundo no pierde la esperanza. (= Aunque fue arrebatado ~)

17.2. 접속사 대신 쓰이는 부정사 구문

17.2.1. 「al + 부정사」

시간의 접속사 cuando가 이끄는 부사절 대신 쓰인다.

Al verle tan pálido, me asusté. (= Cuando le vi ~)
Al anochecer los pájaros volvieron al nido. (= Cuando anochecía ~)

17.2.2. 「de + 부정사」

조건의 접속사 si가 이끄는 부사절 대신 쓰인다.

De saberlo, te lo diré. (= Si lo sé ~)
De no alejarse de la línea de seguridad, puede ser peligroso. (= Si no se aleja ~)

17.2.3. 「con + 부정사」

문맥에 따라 접속사 aunque나 si가 이끄는 부사절 대신 쓰인다.

Con ser viejo, es más activo que su hijo. (= Aunque es ~)
Con aprendérselo todo de memoria, no va a aprobar el examen. (= Aunque se lo aprende todo de memoria ~)

Con estar allí a las seis, es suficiente. (= Si estás / Con que estés ~)
Con confesar toda la verdad, serán perdonados. (= Si confiesan / Con que confiesen ~)

복습

부정사의 용법

1) 명사로 쓰이는 부정사

부정사는 기본적으로 명사에 준하는 어구이므로 주어, 목적어, 보어 등으로 사용된다. (☞ 12과 관사)

Errar es lo humano y perdonar es lo divino. [주어]
Intentaremos averiguar la verdad. [목적어]
Se fue sin comer. [목적어]
Me dedico a escribir. [목적어]
Ver es creer. [주어 및 보어]

2) 지각(知覺)동사나 사역(使役)동사의 목적보어로 사용된다. (☞ 15과 접속법)

Vi a Olga leer la tesis doctoral. (= Vi a Olga que leía ~)
La vi cantar. (= La vi que cantaba.)
José la vio llegar al hospital. (= José la vio que llegaba ~)
Oigo caer la lluvia. (= Oigo que cae ~)
El portero oyó salir a Marina. (= El portero oyó que salía ~)

Le hago leer el capítulo cinco. (= Le hago que lea ~)
Te prohíbo dejar la matrícula a medio semestre. (= Te prohíbo que dejes ~)
Os mando no dormir en la clase. (= Os mando que no durmáis ~)

참고

지각동사는 「진행 중인 동작」을 표현할 때는 현재분사를, 「상태」를 표현할 때는 과거분사를 목적보어로 취한다.

Vi a Olga leyendo la tesis doctoral.
La oigo cantando.
Miré al entrenador técnico sentado en el banquillo.
Veo a una estatua budista acostada en el suelo.

17.3. 축약 부정어(否定語)

17.3.1. ni

「y no」의 축약 부정어로써, no와 함께 쓰여 부정을 강조한다. 두 개 이상의 부정 요소를 이끄는 경우, ni는 맨 마지막 부정 요소 앞에만 올 수도 있고 부정을 강조하기 위해 모든 부정 요소 앞에 올 수도 있다.

No quiero agua ni cerveza.
No quiero ni agua ni cerveza.
No quería dinero, honor ni amor.
No quería ni dinero ni honor ni amor.
Cuando llegué a Canadá, yo no hablaba francés ni inglés. No sabía ni leer ni escribir.

문장 단위를 부정하며 연결할 수도 있다.

No lo conozco ni me conoce él.
Ni lo sé ni me importa.
No he estudiado ni una vez el japonés. Por eso, ni sé decir '¡hola!' en japonés.

부정의 의미를 더욱 강조하기 위해 ni siquiera를 쓰기도 한다.

No me daba cuenta de ello.
Ni siquiera me daba cuenta de ello.
No reconocí a María.
No reconocí ni siquiera a María.

「ni + 동사원형」의 형태로 부정 명령을 표현하기도 한다.

¡Ni hablar!
¡Ni soñarlo!
¡Ni intentarlo!

17.3.2. tampoco

「también no」의 축약 부정어이다. 부정문에서는 también이 쓰이지 않는다. nunca, jamás 등처럼 다른 부정어와 함께 쓰이면 부정이 강조되지만 동사 앞에 쓰일 때는 단독으로 쓰인다.

Yo no hablo árabe. Ni hablo iraní tampoco. ¿Y tú? -Yo tampoco.
Yo también no voy a hacer una tontería como tú. (x)

Mi papá no habla catalán nunca en casa. Ni habla gallego tampoco.
Mi papá nunca habla catalán en casa. Tampoco habla gallego.
No lo sé. -Ni yo tampoco.
Si Juan no va a clase, yo tampoco.

‖ 연습문제 ‖

1. 다음 동사들의 현재분사와 과거분사를 각각 쓰시오.

❶ decir
❷ leer
❸ tener
❹ dormir
❺ seguir
❻ morir
❼ venir
❽ poner
❾ abrir
❿ hacer

2. 아래의 문장들을 의미에 맞게 접속사를 이용해 바꾸시오.

❶ Creyendo que iba a llover, Marta se llevó el paraguas.
❷ Siendo muy inteligente, no obtuvo buenas notas en sus estudios.
❸ Trabajando juntos, resolverán el problema.
❹ Alquilada la casa, Juan se trasladó a Barcelona.
❺ Rotos los vínculos amistosos, los dos países preparan la guerra.
❻ Detenido el candidato por la policía, se modificó la lista electoral.
❼ Leído el discurso por la señora Rosa, el público se rió a carcajadas.
❽ Desaparecidas las joyas, llamaron a la policía.
❾ Me di cuenta de que había dejado los documentos en casa, al llegar a la oficina.
❿ De oírlo se reirán todos.
⓫ Con hacer un poco de deporte es suficiente para estar en forma.

⓬ Con ser muy buena persona tiene un genio endiablado.

⓭ Al salir el sol empiezan a sonar los tambores.

⓮ Siguiendo las instrucciones encontrarás la solución.

⓯ El padre, viendo a sus hijos cansados, seguía intentando convencerlos.

3. 문법적으로 틀렸거나 어색한 부분을 모두 바르게 고치시오.

❶ Reparados la lavadora, hemos limpiado la ropa.

❷ Se quedó asustando ante las noticias del terremoto.

❸ Seguidos así, ganaremos la Copa Mundial.

❹ Una vez convocando el tribunal, no se le declarará inocente.

❺ Escuchada la radio, lee el periódico.

❻ Queremos ni jamón ni chorizo.

❼ No voy a comprar ni pescado y carne.

❽ Ella también no lo sabía.

❾ Intentado con los palillos el niño no cogió nada.

❿ Doblada la esquina, Ud. puede encontrar la iglesia.

⓫ Vimos a Marta sentándose en el suelo.

⓬ No ha sacado buenas notas también.

⓭ Me callo ni me voy.

⓮ La vimos entrada al colegio.

⓯ Ni siquiera yo no voy a asistir a la conferencia.

Lección 18

18.1. 명령법
18.2. 주요 도시명과 형용사

18.1. 명령법

18.1.1. 동사 변화

1) 1인칭 명령

단수(yo)에 대한 명령은 존재하지 않으며, 복수(nosotros)에 대한 명령은 「우리 ~합시다」라는 의미의 청유형이 된다. 긍정, 부정 모두 접속법 형태를 그대로 쓴다.

	[Nosotros]	
hablar:	Hablemos	No hablemos
comer:	Comamos	No comamos
vivir:	Vivamos	No vivamos
dar:	Demos	No demos
decir:	Digamos	No digamos
hacer:	Hagamos	No hagamos
ir:	Vayamos	No vayamos
poner:	Pongamos	No pongamos
salir:	Salgamos	No salgamos
ser:	Seamos	No seamos
tener:	Tengamos	No tengamos
traer:	Traigamos	No traigamos
venir:	Vengamos	No vengamos

2) 2인칭 명령

단수(tú)의 긍정형은 일부 불규칙을 제외하고는 직설법 현재 3인칭 단수와 동일하며, 부정형은 접속법 형태를 그대로 쓴다. 복수(vosotros)의 긍정형은 「어간 + d」를 쓰며, 부정형은 접속법 형태를 그대로 쓴다.

	[Tú]		[Vosotros]	
hablar:	Habla	No hables	Hablad	No habléis
comer:	Come	No comas	Comed	No comáis
vivir:	Vive	No vivas	Vivid	No viváis
dar:	Da	No des	Dad	No deis
decir:	Di	No digas	Decid	No digáis
hacer:	Haz	No hagas	Haced	No hagáis
ir:	Ve	No vayas	Id	No vayáis
poner:	Pon	No pongas	Poned	No pongáis
salir:	Sal	No salgas	Salid	No salgáis
ser:	Sé	No seas	Sed	No seáis
tener:	Ten	No tengas	Tened	No tengáis
traer:	Trae	No traigas	Traed	No traigáis
venir:	Ven	No vengas	Venid	No vengáis

3) 3인칭 명령

긍정형이든 부정형이든, 단수(Ud.)·복수(Uds.) 모두에서 접속법 형태를 그대로 쓴다.

	[Ud.]		[Uds.]	
hablar:	Hable	No hable	Hablen	No hablen
comer:	Coma	No coma	Coman	No coman
vivir:	Viva	No viva	Vivan	No vivan
dar:	Dé	No dé	Den	No den

decir:	Diga	No diga	Digan	No digan
hacer:	Haga	No haga	Hagan	No hagan
ir:	Vaya	No vaya	Vayan	No vayan
poner:	Ponga	No ponga	Pongan	No pongan
salir:	Salga	No salga	Salgan	No salgan
ser:	Sea	No sea	Sean	No sean
tener:	Tenga	No tenga	Tengan	No tengan
traer:	Traiga	No traiga	Traigan	No traigan
venir:	Venga	No venga	Vengan	No vengan

18.1.2. 목적대명사의 위치 2 (☞ 3과 목적대명사의 위치 1)

긍정형에서는 동사 뒤에 붙고 부정형에서는 부정어(no)와 동사 사이에 위치한다. 따라서 긍정형에서 대명사가 붙음으로써 동사 본래의 강세 위치가 변할 우려가 있을 때에는 반드시 본래의 위치에 표시해 주어야 한다. 재귀동사의 경우에도 대명사의 위치는 이와 동일하다

[긍정]	[부정]
Ábrela.	→ No la abras.
Abridla.	→ No la abráis.
Ábrala.	→ No la abra.
Ábranla.	→ No la abran.
Cómelo.	→ No lo comas.
Comedlo.	→ No lo comáis.
Cómalo.	→ No lo coma.
Cómanlo.	→ No lo coman.
Dámelo.	→ No me lo des.
Dádmelo.	→ No me lo deis.

Démelo.	→ No me lo dé
Dénmelo.	→ No me lo den
Dímelo.	→ No me lo digas.
Decídmelo.	→ No me lo digáis
Dígamelo.	→ No me lo diga.
Díganmelo.	→ No me lo digan.
Escúchame.	→ No me escuches.
Escuchadme.	→ No me escuchéis.
Escúcheme.	→ No me escuche.
Escúchenme.	→ No me escuchen.
Léelo.	→ No lo leas.
Leedlo.	→ No lo leáis.
Léalo.	→ No lo lea.
Léanlo.	→ No lo lean.
Llámame	→ No me llames.
Llamadme	→ No me llaméis.
Llámeme	→ No me llame.
Llámenme	→ No me llamen.
Pregúntamelo.	→ No me lo preguntes.
Preguntádmelo.	→ No me lo preguntéis.
Pregúntemelo.	→ No me lo pregunte.
Pregúntenmelo.	→ No me lo pregunten.
Pruébalo.	→ No lo pruebes.
Probadlo.	→ No lo probéis.
Pruébelo.	→ No lo pruebe.
Pruébenlo.	→ No lo prueben.
Tómalo.	→ No lo tomes.
Tomadlo.	→ No lo toméis.
Tómelo.	→ No lo tome.
Tómenlo.	→ No lo tomen.

Siéntate.	→ No te sientes.
Sentaos.	→ No os sentéis.
Siéntese.	→ No se siente.
Siéntense.	→ No se sienten.
Sentémonos.	→ No nos sentemos.

Vete.	→ No te vayas.
Idos.	→ No os vayáis.
Váyase.	→ No se vaya.
Váyanse.	→ No se vayan.
Vayámonos	→ No nos vayamos.

주의

1. 재귀동사 2인칭 복수(vosotros)에서는 대부분 발음상의 편의를 위해 -d가 생략된다.
   (Levantad+os) → Levantaos
   (Quedad+os) → Quedaos
   (Sentad+os) → Sentaos

그러나 ir동사는 Ios가 아니라 Idos이다.

2. 1인칭 복수(nosotros)에서도 역시 발음상의 편의를 위해 -s가 생략된다.
   (Levantemos+nos) → Levantémonos
   (Sentemos+nos) → Sentémonos
   (Vayamos+nos) → Vayámonos

ir동사의 청유형으로는 vamos와 vámonos도 쓰인다.

18.1.3. 기타 명령 표현

1) 직설법 미래는 명령을 나타낸다. (☞ 13과 단순미래 참조)

Ahora me dirás dónde estuviste anoche.
Hijos, no volveréis a comer chocolate.
No saldrás esta noche.
Te callarás ahora mismo.
Deberás ir a un médico.

2) 부정사는 불특정 다수를 대상으로 하는 명령을 나타낸다.

No pegar carteles aquí.
No pisar el césped.
No fumar.
No entrar.

A comer.
A trabajar.
A dormir.

3) 명사, 형용사, 부사 등도 명령을 나타낸다.

¡Atención!
¡Cuidado!
¡Fuego!
¡Ojo!
¡Silencio!

¡Atento(s)!
¡Tranquilo(s)!

¡Alto, no te muevas!
¡Fuera de aquí!

18.2. 주요 도시명과 형용사

18.2.1. 스페인

Barcelona	barcelonés,-sa
Bilbao	bilbaíno,-a
Córdoba	cordobés,-sa
Granada	granadino,-a
Madrid	madrileño,-a
Málaga	malagueño,-a
Salamanca	salmantino,-a
Santiago de Compostela	compostelano,-a
Sevilla	sevillano,-a
Toledo	toledano,-a
Valencia	valenciano,-a
Valladolid	vallisoletano,-a

18.2.2. 라틴아메리카 및 기타 도시

Asunción	asunceno,-a (asunceño,-a)
Bogotá	bogotano,-a
Buenos Aires	porteño,-a (bonaerense)
Caracas	caraqueño,-a
Cuzco	cuzqueño,-a
Guadalajara (México)	guadalajarense
la Ciudad de México	chilango,-a

La Habana	habanero,-a
La Paz	paceño,-a
Lima	limeño,-a
Quito	quiteño,-a
Santiago	santiaguino,-a
Santo Domingo	domingueño,-a
Montevideo	montevideano,-a
Londres	londinense
Moscú	moscovita
Nueva York	neoyorquino,-a
París	parisino,-a (parisiense)
Roma	romano,-a
Seúl	seulense (seulita)

참고

스페인왕립학술원 사전에 의하면 la Ciudad de México의 형용사형은 chilango이다. 그러나 현지 멕시코인들에게 있어서 chilango라는 단어는 약간의 경멸적인 의미를 내포하기 때문에 사용에 있어서 주의를 요한다. 따라서 엄밀한 의미에서 정확한 단어는 아니지만 capitalino를 주로 사용하거나 de la Ciudad de México 형태를 사용한다.

¿Ud. es capitalino?

¿Ud. es de la Ciudad de México?

‖ 연습문제 ‖

1. 괄호 안의 동사를 알맞은 명령형으로 바꾸고, 다시 목적어를 대명사로 바꾸어 부정명령형으로 바꾸시오.

❶ ¡__________(comprar, tú) la guitarra! → ____________________

❷ ¡__________(decirme, vosotros) eso! → ____________________

❸ ¡__________(explicar, Ud.) la lección! → ____________________

❹ ¡__________(mandarme, tú) el dinero! → ____________________

❺ ¡__________(empezar, vosotros) el trabajo! → ____________________

❻ ¡__________(callarse, tú)! → ____________________

❼ ¡__________(ducharse, Uds.) ahora mismo! → ____________________

❽ ¡__________(tomar, nosotros) el autobús! → ____________________

❾ ¡__________(abrir, tú) la puerta! → ____________________

❿ ¡__________(cerrar, Uds.) las ventanas! → ____________________

⓫ ¡__________(leer, tú) ese libro! → ____________________

⓬ ¡__________(sacar, nosotros) las entradas! → ____________________

⓭ ¡__________(hacer, tú) la maleta! → ____________________

⓮ ¡__________(comer, vosotros) la paella! → ____________________

⓯ ¡__________(ver, Ud.) más la televisión! → ____________________

⓰ ¡__________(pararse, vosotros) aquí! → ____________________

⓱ ¡__________(levantarse, nosotros) temprano! → ____________________

⓲ ¡__________(sentarse, tú) aquí! → ____________________

⓳ ¡__________(tener, tú) paciencia! → ____________________

⓴ ¡__________(irse, Ud.) de aquí! → ____________________

2. 올바른 명령형으로 고치시오.

❶ Volvedos a casa ahora mismo.
❷ Hace lo que quieras.
❸ Hoy ponete esta corbata.
❹ ¡No te vas todavía!
❺ ¡Levantámonos temprano mañana!
❻ Dígame tú lo que has oído.
❼ ¡No es tú tonto!
❽ ¡No me decid la mentira!
❾ ¡No sed tontos!
❿ Póntelo tú, pónselo Ud.

3. 다음 도시명의 형용사를 쓰시오.

❶ Guadalajara(México)
❷ Seúl
❸ Salamanca
❹ Barcelona
❺ Buenos Aires
❻ Córdoba
❼ Asunción
❽ la Ciudad de México
❾ Valladolid
❿ Caracas
⓫ Londres
⓬ Bogotá
⓭ La Paz
⓮ Madrid
⓯ Lima
⓰ La Habana
⓱ Málaga
⓲ París
⓳ Nueva York
⓴ Cuzco

Lección 19

19.1. 접속법 과거

19.1. 접속법 과거

직설법 단순과거의 3인칭 복수형(hablaron)에서 -ron을 떼어내고 -ra(-se), -ras(-ses), -ra(-se), -ramos(-semos), -rais(-seis), -ran(-sen)을 붙여서 만든다. 즉, 접속법 현재가 직설법 현재와 동일한 어간을 공유하듯이, 접속법 과거는 직설법 단순과거와 동일한 어간에 기초해 변화하는 것이다. 어미 형태에 따라 -ra형과 -se형이 있으며, 거의 모든 문맥에서 의미 차이 없이 동일하게 사용되고 있다. 본 교재에서는 편의상 -ra형을 중심으로 설명한다.

접속법 과거시제에서는 「완료, 불완료」의 상(aspecto) 차이가 직설법만큼 뚜렷하지 않으므로 교재에 따라서는 「접속법 불완료과거」라고 칭하기도 한다. 접속법 과거는 직설법의 hablaba(불완료과거)/ hablé(단순과거)/ hablaría(가능미래)에 상응하는 접속법 시제이고, 주절 동사와 동일한 시점(simultáneo) 또는 이후 시점(posterior)의 행위나 상황을 표현한다.

19.1.1. 동사 변화

[규칙 변화]

hablar		comer	
hablara(-se)	habláramos(-semos)	comiera(-se)	comiéramos(-semos)
hablaras(-ses)	hablarais(-seis)	comieras(-ses)	comierais(-seis)
hablara(-se)	hablaran(-sen)	comiera(-se)	comieran(-sen)

vivir	
viviera(-se)	viviéramos(-semos)
vivieras(-ses)	vivierais(-seis)
viviera(-se)	vivieran(-sen)

[불규칙 변화]

1) 어근 모음 e>i, o>u 변화형

pedir: pidiera, pidieras, pidiera, pidiéramos, pidierais, pidieran.
seguir: siguiera. siguieras, siguiera, siguiéramos, siguierais, siguieran
sentir: sintiera, sintieras, sintiera, sintiéramos, sintierais, sintieran
servir: sirviera, sirvieras, sirviera, sirviéramos, sirvierais, sirvieran
dormir: durmiera, durmieras, durmiera, durmiéramos, durmierais, durmieran
morir: muriera, murieras, muriera, muriéramos, murierais, murieran

2) 어간에 -y- 첨가형

creer: creyera, creyeras, creyera, creyéramos, creyerais, creyeran
caer: cayera, cayeras, cayera, cayéramos, cayerais, cayeran
oír: oyera, oyeras, oyera, oyéramos, oyerais, oyeran
huir: huyera, huyeras, huyera, huyéramos, huyerais, huyeran
concluir: concluyera, concluyeras, concluyera, concluyéramos, concluyerais, concluyeran

3) 완전 불규칙형

10.1.3.의 단순과거 18개 불규칙형과 동일한 어간을 공유한다.

andar: anduviera, anduvieras, anduviera, anduviéramos, anduvierais, anduvieran
caber: cupiera, cupieras, cupiera, cupiéramos, cupierais, cupieran
conducir: condujera, condujeras, condujera, condujéramos, condujerais, condujeran
dar: diera, dieras, diera, diéramos, dierais, dieran
decir: dijera, dijeras, dijera, dijéramos, dijerais, dijeran
estar: estuviera, estuvieras, estuviera, estuviéramos, estuvierais, estuvieran

haber: hubiera, hubieras, hubiera, hubiéramos, hubierais, hubieran
hacer: hiciera, hicieras, hiciera, hiciéramos, hicierais, hicieran
ir: fuera, fueras, fuera, fuéramos, fuerais, fueran
poder: pudiera, pudieras, pudiera, pudiéramos, pudierais, pudieran
poner: pusiera, pusieras, pusiera, pusiéramos, pusierais, pusieran
querer: quisiera, quisieras, quisiera, quisiéramos, quisierais, quisieran
saber: supiera, supieras, supiera, supiéramos, supierais, supieran
ser: fuera, fueras, fuera, fuéramos, fuerais, fueran
tener: tuviera, tuvieras, tuviera, tuviéramos, tuvierais, tuvieran
traer: trajera, trajeras, trajera, trajéramos, trajerais, trajeran
venir: viniera, vinieras, viniera, viniéramos, vinierais, vinieran
ver: viera, vieras, viera, viéramos, vierais, vieran

19.1.2. 명사절

주절의 동사가 의미상 접속법을 요구하고 시제가 과거 또는 가정미래인 경우, 시제 일치를 위해 종속절의 동사는 접속법 과거를 쓴다.

1) 목적어 기능 명사절

[희망/원망(願望)]
Quería que tú llegaras a tiempo a la clase.
Me gustaría que Ud. estudiara mucho español.
Siempre rogábamos a Dios que nos ayudara.

(Esperaba) Que me lo dijeras.
(Esperábamos) Que no lloviera el día siguiente.
(Esperaba) Que ella no se opusiera a mí.

[불신(不信)/불확실]

No creía que ella fuera mexicana.

비교 Creía que ella era mexicana.

No estaba seguro de que él viviera en ese barrio.

비교 Estaba seguro de que él vivía en ese barrio.

[회의(懷疑)/부정(否定)]

Ella dudó que ellos llegaran a tiempo.

비교 Ella no dudó que ellos llegarían a tiempo.

Yo negué que ella pensara solo en ti.

비교 Yo no negué que ella pensaba solo en ti.

[부탁/권고]

Le pedimos a Maribel que no llorara más.

= Le pedimos a Maribel no llorar más.

Le recomendó a Ud. que se acercara a la oficina para saber el resultado.

= Le recomendó a Ud. acercarse a la oficina para saber el resultado.

[사역(使役)/명령]

Le mandé a mi hija que no hiciera muchos juegos de internet.

= Le mandé a mi hija no hacer muchos juegos de internet.

Te ordené que lo hicieras a la brevedad posible.

= Te ordené hacerlo a la brevedad posible.

Ellos me hicieron que lo llevara a casa.

= Ellos me hicieron llevarlo a casa.

Ella nos advirtió que no habláramos alto en la biblioteca.

= Ella nos advirtió no hablar alto en la biblioteca.

Los padres dijeron a sus hijos que lo hicieran de inmediato.

→ Los padres dijeron a sus hijos hacerlo de inmediato. (x)

[금지/허용]

El profesor prohibió a sus alumnos que fumaran en la clase.

= El profesor prohibió a sus alumnos fumar en la clase.

Mis padres no me permitieron que fumara.

= Mis padres no me permitieron fumar.

Él me dejó que pasara por allí.

= Él me dejó pasar por allí.

[화자의 감정]

Me alegraría de que ya estuviera mejor tu padre.

Temía que no aprobaras los exámenes.

Lamentaba que no pudiéramos vernos esta semana.

Sentíamos mucho que no estuvieras ahí con nosotros.

[기원(祈願)]

¡Ojalá (que) nevara mañana!

비교 ¡Ojalá (que) nieve mañana!

2) 주어 기능 명사절

Sería posible que regresáramos a casa el próximo mes.

비교 Sería posible regresar a casa el próximo mes.

Era imposible que llegáramos a tiempo a la clase.

비교 Era imposible llegar a tiempo a la clase.

Sería necesario que lleváramos entradas para ver la ópera.

비교 Sería necesario llevar entradas para ver la ópera.

Era preciso que esperáramos nuestro turno.

비교 Era preciso esperar el turno.

Era probable que él pudiera ganar más dinero que tú.

비교 Era probable ganar más dinero.

Era bueno que te levantaras un poco más temprano.

비교 Era bueno levantarse un poco más temprano.

Era mejor que estudiaras unas horas más al día.

비교 Era mejor estudiar unas horas más al día.

Era dudoso que sacaras buena nota sin preparar las lecciones.

비교 Era dudoso sacar buena nota sin preparar las lecciones.

Era importante que leyéramos muchos libros en la universidad.

비교 Era importante leer muchos libros en la universidad.

Era fácil que domináramos el español.

비교 Era fácil dominar el español.

Era difícil que domináramos un idioma extranjero sin sufrimiento.

비교 Era difícil dominar un idioma extranjero sin sufrimiento.

Era suficiente que rellenara el formato.

비교 Era suficiente rellenar el formato.

Era conveniente que nos entregara Ud. el documento cuanto antes.

비교 Era conveniente entregar el documento cuanto antes.

Era bastante que abonara el importe en la ventanilla.

비교 Era bastante abonar el importe en la ventanilla.

Era aconsejable que aprendierais a conducir antes de graduaros.

비교 Era aconsejable aprender a conducir antes de graduarse.

No me gustaba que ella me llamara por teléfono en cualquier momento.

Me encantaría que me enviaras un e-mail.

Me importaba mucho que asistieras a la reunión mañana.

19.1.3. 형용사절

Quería comprar una camisa que tuviera botones azules.

비교 Quería comprar una camisa que tenía botones azules.

Buscábamos un estudiante que hablara bien inglés.

비교 Buscábamos a un estudiante que hablaba bien inglés.

¿Había alguien que conociera a María?

비교 Había muchas personas que conocían a María.

No tenía ningún libro que tratara de ese tema.

Aquí no había nadie que lo hiciera.

No conocía a nadie que lo supiera.

En esta exposición no había nada que me encantara.

Iba a hacer todo lo que me dijera.

비교 Iba a hacer todo lo que me había dicho.

Te daría todo lo que pudiera.

¿Quién sería la que me quisiera a mí?

비교 ¿Quién era la que me quería a mí?

참고

시제 상응성: 가정미래(hablaría)는 과거를 추측하는데 사용될 뿐만 아니라, 현재 행위를 이루지 못하는 아쉬움을 나타내는 데도 쓰인다. 따라서 종속절에서 이에 가장 잘 상응하는 동사 형태는 접속법 과거이다. 이는 시제상으로 뿐만 아니라, 추측이나 아쉬움이라는 불확실성을 나타내는 데도 서로 일치하기 때문이다.

Me gustaría si me permitiera leer ese artículo.
Lo haría si tuviera más tiempo ahora.
Tu mamá preferiría que dejaras de fumar.

19.1.4. 부사절 (☞ 16.1.2. 부사절)

1) 시간

Antes de que terminara la película, yo salí del cine.
Se marchó antes de que yo llegara.

비교

과거에 완료된 사실은 직설법을 쓴다.
Te llamé cuando llegué a casa.
Siempre que tenías tiempo, pasabas por mi casa.
Mientras veías la televisión, fui de compras.
Después de que Verónica había vuelto de México, él empezó un nuevo negocio con ella.
Tan pronto como llegaste (= hubiste llegado), te pagué toda la deuda.

2) 목적

Le invité a que viniera a cenar conmigo.
Me esforzaba a fin de que me seleccionaran para el equipo.
Me dio permiso para que saliera aquella noche.
Mi mamá me despertó temprano para que no llegara tarde a la clase.
Salimos de aquí de modo que nadie nos viera.

비교	Me levanté temprano de modo que llegara a tiempo. Me levanté temprano, de modo que llegué a tiempo.

3) 조건

El Presidente no asistiría a la conferencia de la cumbre a menos que le garantizaran la seguridad.
El Presidente asistiría a la conferencia de la cumbre con tal de que le garantizaran la seguridad.

El Presidente asistiría a la conferencia de la cumbre si le garantizaran la seguridad. (☞ 19.1.5. 참조)
El Presidente asistiría a la conferencia de la cumbre en (el) caso de que le garantizaran la seguridad.
No pasó ni un día sin que me sorprendiera por algo.
José no se despertaba sin que lo llamara su mamá.

4) 방법, 양태(樣態)

Queríamos vivir como quisiéramos y no como nos dijeran ellos.
Lo pensaba hacer según me dijeran.

비교	과거에 완료된 사실이면 직설법을 쓴다. Vivimos como queríamos y no como nos decían ellos. cf.) Viviremos como queramos y no como nos digan ellos Lo limpié como me dijiste. cf.) Lo limpiaré como me digas.

19.1.5. 현재 사실의 반대를 나타내는 가정문: 「Si + 접속법 과거..., 가정미래...」

'(지금) 만약 ~이라면, ~할 텐데'라는 의미로써, 실제로는 현재 행위가 이루어지지 못함을 아쉬워할 때 쓰이는 표현이다.

Si yo tuviera tiempo, te visitaría. (= Ahora no tengo tiempo, por eso no puedo visitarte.)
Si estuvieras aquí, te lo preguntaría. (= Ahora no estás aquí, por eso no puedo preguntártelo.)
Si yo estuviera en tu lugar, no lo haría.

가정문의 조건절에서는 -ra형과 -se형 모두 쓰일 수 있고, 귀결절에서는 「가정미래」, 「접속법 과거 -ra형」, 「직설법 불완료과거」가 모두 쓰일 수 있다.

Si tuviera/tuviese dinero, lo compraría.
Si tuviera/tuviese dinero, lo comprara.
Si tuviera/tuviese dinero, lo compraba.

「como si + 접속법 과거」('마치 ~인 것처럼') 또한 주절의 시제와는 상관없이 현재 사실의 반대를 나타낸다.

Él siempre habla como si fuera millonario.

Él habló como si hubiera conocido a ese autor personalmente.

19.1.6. 접속법 과거의 예의적 표현

일부 동사의 접속법 과거형은 예의적 표현으로 사용될 수 있다.

Buenos días, quisiera pedirle un favor.

Pudiera ser que Juan tuviera razón.

Debieras ser un poco más prudente.

Algunas veces, más te valiera no decir nada.

주의

-ra형과 -se형의 차이

일반적으로 빈도수의 큰 차이 없이 두 형태 모두 많이 쓰인다. 개인적인 선호도의 차이는 있을 수 있으나, 대부분의 문맥에서 의미상의 차이는 인정되지 않는다. 다만 「예의적 표현」이나 「가정문의 귀결절」 등과 같은 특정 문맥에서는 -ra형만이 쓰일 수 있음에 유의해야 한다.

Quisiera hacerle una pregunta. (o)

Quisiese hacerle una pregunta. (x)

Si tuviera/se tiempo, la visitara. (o)

Si tuviera/se tiempo, la visitase. (x)

‖ 연습문제 ‖

1. 괄호 안의 동사를 알맞게 변화시키시오.

❶ Un amigo mío quería que yo le __________(comprar) un cuento de Borges.

❷ Ud. me dijo que yo __________(probar) una comida española.

❸ Me pidió que le __________(dar) una información.

❹ Insistió en que tú no __________(irse) a la biblioteca con un MP3.

❺ Yo esperaría que Ud. me __________(decir) algo.

❻ Él me ordenó que se lo __________(traer) a él.

❼ Creía que __________(ser) imposible que ese actor famoso me __________(pedir) la mano.

❽ No tenía corbata que __________(venir) bien con esa chaqueta.

❾ Tu madre, que en paz descanse, quería que tú __________(criarse) fuerte.

❿ Me prometiste prestarme el libro en cuanto lo __________(leer).

⓫ Me dijo que me llamaría cuando __________(terminar) el trabajo.

⓬ ¡Ojalá no se __________(romper) las relaciones!

⓭ No creía que __________(ser) posible prevenir la catástrofe.

⓮ Dudábamos que ustedes nos __________(poder) ayudar.

⓯ Nos gustaría que usted nos lo __________(avisar) a tiempo.

⓰ Temías que yo le __________(confesar) la verdad.

⓱ Nos sorprendió que vosotros no __________(ver) la película de Harry Potter.

⓲ __________(querer) saber cuánto cuesta este pantalón vaquero.

⓳ Fue una lástima que no __________(hacer) sol hasta el último día en Cuba.

⓴ Podía ser que no me lo __________(devolver) él pronto.

2. 문법적으로 틀린 부분을 바르게 고치시오.

❶ Estaba seguro de que llegara a la estación a tiempo.

❷ Le dije que me lo traiga.

❸ Si yo tenía tiempo, te lo preguntaría.

❹ Era muy importante que me levanté temprano.

❺ Sería necesario que manejemos bien el ordenador.

❻ Te exigió que volvías dentro de un mes.

❼ No conocía a nadie que podría tener las noticias de ella.

❽ Antes de que llegaste, ya partió el tren.

❾ Mientras lloviera, escuchaban la música clásica.

❿ Aunque durmiera mucho, aún tiene sueño.

⓫ Mis amigos vinieron a que me explicaron el tema.

⓬ En esa sala no había ningún cuadro que me gustaría.

⓭ Se lo expliqué a ella para que lo entendió bien.

⓮ Si yo estaba libre, te acompañaría.

⓯ Tan pronto como se cayera la última hoja, se murió él.

3. 괄호 안의 동사를 직설법 과거 또는 접속법 과거로 변화시키시오.

❶ No nos pareció evidente que Ana __________(actuar) con discreción.

❷ ¡Qué lástima que ellos no te __________(ofrecer) ese puesto!

❸ Tras el accidente fue innegable que __________(haber) que cambiar los acuerdos previos.

❹ Les pareció obvio que la decisión tomada __________(ser) la mejor.

❺ Sentí mucho que Uds. no __________(estar) con nosotros anoche.

❻ Es verdad que las cosas se __________(poder) haber hecho de otra forma.

❼ Me dio igual que tú __________(ir) o no.

❽ No es verdad que la Guerra Civil española __________(terminar) en 1945, sino que __________(terminar) en 1939.

❾ Si Juan __________(venir) ayer, es porque lo invitó la familia de Carmen.

❿ Les preocupó que la reunión no __________(empezar) a tiempo.

Lección 20

20.1. 접속법 현재완료
20.2. 접속법 과거완료
20.3. 접속법 단순미래와 미래완료

20.1. 접속법 현재완료

주절의 동사가 접속법을 요구하는 성격의 현재 시제이고, 종속절의 내용이 가까운 과거에 완료된 행위(현재완료)나 미래에 완료될 행위(미래완료)를 「현재」의 시점에서 '희망, 불확신/회의(懷疑), 부정(否定)'하거나, 주절의 동사가 화자의 감정을 담고 있는 경우 사용된다. 즉, 접속법 현재완료는 직설법의 현재완료(he hablado) 또는 미래완료(habré hablado)에 상응하는 접속법 시제이다.

20.1.1. 형태: 「haber의 접속법 현재 + 과거분사」

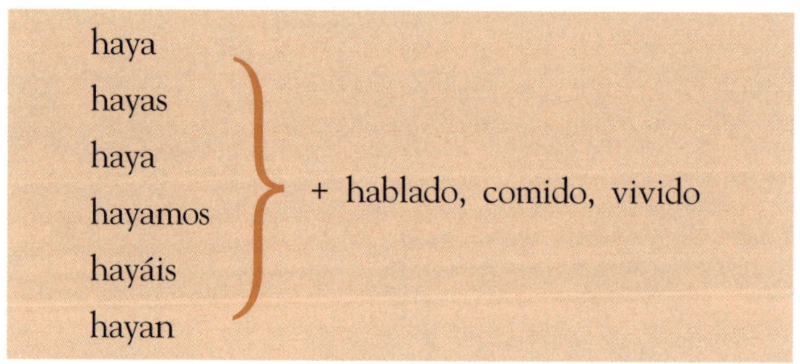

haya
hayas
haya
hayamos
hayáis
hayan

+ hablado, comido, vivido

20.1.2. 용법

1) 가까운 과거에 완료된 사실을 「현재」의 시점에서 '희망, 불확신(실)/회의(懷疑), 부정(否定)'할 때 쓴다. 즉, 직설법의 현재완료 시제를 접속법으로 표현할 때 사용될 수 있다.

Espero que tú hayas comprado la guitarra.
Queremos que ella haya terminado ese trabajo.

No creo que Juana haya visitado a sus abuelos.
Él no cree que ya hayamos cenado.
No estoy seguro de que ella haya comprado un traje para mí.
Dudo que él haya dicho la verdad.
Niego que ella haya pensado solo en ti.

2) 직설법의 미래완료 시제를 접속법으로 표현할 때 사용될 수 있다.

Queremos que el próximo sábado hayas terminado ese proyecto.
No creo que Juan haya solucionado el problema antes de las 7 de la tarde.
No estoy seguro de que cuando vuelvas ya te lo hayan arreglado.

3) 종속절의 행위나 동작이 과거에 실제로 이루어진 경우라 할지라도 주절의 동사가 접속법을 요구하는 성격(두려움, 놀라움, 기쁨, 슬픔, 아쉬움 등)의 동사라면 접속법 현재완료를 사용할 수 있다.

Me encanta que, por fin, lo hayas hecho.
Me sorprende que María se haya puesto el vestido rojo en la misa.
Me extraña que me hayan enviado esta carta.
Es una lástima que haya muerto Juan.
Me alegro de que hayas venido.
Me es sorprendente que la industria automovilística de Corea haya alcanzado un alto nivel de calidad.

4) 비인칭 구문

Es posible que hayan regresado a casa antes de las doce.
Es imposible que hayan llegado a la clase a tiempo.
Es probable que él haya podido ganar más dinero que tú.
Es bueno que te hayas levantado temprano.
Es mejor que hayas estudiado unas horas más al día.
Es dudoso que hayas sacado buena nota sin preparar las lecciones.
Es importante que hayamos leído muchos libros en la universidad.
Es suficiente que hayamos rellenado el formato.
Es bastante que hayáis abonado el importe en la ventanilla.
Es aconsejable que hayáis aprendido a conducir antes de graduaros.

5) 현재완료의 상황을 「추측」하여 표현할 때 접속법 현재완료를 사용할 수 있다.

Una vez que hayas creado un plan, síguelo hasta que tengas resultado.

비교	Una vez que has creado un plan, síguelo hasta que tengas resultado. [확실]

Continuaremos el proyecto aunque hayamos perdido mucho tiempo.

비교	Continuaremos el proyecto aunque hemos perdido mucho tiempo. [확실]

20.2. 접속법 과거완료

20.2.1. 형태: 「haber의 접속법 과거 + 과거분사」

hubiera (hubiese) hubieras (hubieses) hubiera (hubiese) hubiéramos (hubiésemos) hubierais (hubieseis) hubieran (hubiesen)	+ hablado, comido, vivido

20.2.2. 용법

직설법 과거완료와 마찬가지로 종속절의 행위가 주절의 과거 시점보다 먼저 완료되었음을 표현하되, 주절의 주어가 종속절 행위의 실현 및 완료 여부에 대해서는 확신을 갖고 있지 못할 때 사용된다. 접속법 과거완료는 직설법의 과거완료(había hablado) 또는 가정미래완료(habría hablado)에 상응하는 접속법 시제이다.

Héctor dudaba que su mujer ya hubiera salido de compras a esa hora.

비교 Héctor no dudaba que su mujer ya había salido de compras a esa hora.

Al principio no pensaba que ya hubieses terminado el trabajo antes del sábado.

비교	Al principio pensaba que ya habrías terminado el trabajo antes del sábado.

El gobierno negó que la policía hubiera realizado disparos.

비교	El gobierno afirmó que la policía había realizado disparos.

No creía que, cuando regresáramos, ya hubieras encontrado una solución.

비교	Creía que, cuando regresáramos, ya habrías encontrado una solución.

20.2.3. 과거 사실의 반대를 나타내는 가정문: 「Si + 접속법 과거완료..., 가정미래완료...」

'만약 (과거에) ~했다면, ~했을 텐데'라는 의미로서, 실제로는 과거에 행위가 이루어지지 못했음을 아쉬워할 때 쓰이는 표현이다.

Si yo hubiera tenido dinero, lo habría comprado.

(= No tuve dinero, por eso no podía comprarlo.)

Si yo hubiera tenido tiempo, te habría visto a ti.

(= No tuve tiempo, por eso no podía verte a ti.)

Si hubieras leído ese libro, habrías contestado a la pregunta.

(= No leíste ese libro, por eso no podías contestar a la pregunta.)

Si yo hubiese sido elegido como presidente, habría cambiado todo el sistema.

(= Yo no fui elegido como presidente, por eso no podía

cambiar todo el sistema.)

「복합 가정문」: 문맥에 따라서는 조건절에서는 완료형을, 귀결절에서는 단순형을 쓰는 경우도 있다.

Si me hubieran prestado dinero, ahora no sufriría tanto.
Si yo hubiera estado en México, te explicaría mejor sobre las Pirámides del Sol y de la Luna.

단순형에서와 마찬가지로, 완료형에서도 「조건절」에서는 -ra형과 -se형이 모두 쓰일 수 있지만, 「귀결절」에서는 「가정미래완료」나 「접속법 과거완료 -ra형」이 사용된다. (☞ 19.1.6. 주의)

Si hubiera/hubiese tenido dinero, lo habría comprado.
Si hubiera/hubiese tenido dinero, lo hubiera comprado.

한편, 「접속법 과거완료」는 조건절(si ~)없이 주절에 사용되어 '과거에 이루지 못한 행위에 대한 아쉬움'을 표현한다(☞ 14.2.2. 가정미래완료). 이 경우도 -se형은 사용될 수 없고 -ra형만이 사용된다.

Hubiera querido jugar el partido (pero no jugué el partido).
Hubieras ido al médico hace ya meses (pero no fuiste).
Me hubiera comprado ese coche (pero no me lo compré).
Te lo hubieran avisado antes de la reunión (pero no te lo avisaron).

「como si + 접속법 과거완료」('마치 ~이었던 것처럼') 또한 주절의 시제와는 상관없이 과거 사실의 반대를 나타낸다.

Él siempre habla como si hubiera sido millonario.
Ella habla como si hubiera estado en México.
Él habló como si la hubiera amado a ella.

20.2.4. 접속법 과거와 과거완료의 비교

앞서 설명했듯이 접속법 과거시제는 주절 동사와 시점이 동일(simultáneo)하거나 이후(posterior) 시점을 의미하고 과거완료 시제는 주절 동사보다 먼저(anterior) 완료되었음을 표현한다.

Me alegré de que lo hicieras.
Me alegré de que lo hubieras hecho.

Me alegré mucho de que ese jugador anotara el gol.
Me alegré mucho de que ese jugador hubiera anotado el gol.

No creía que mi equipo perdiera el partido.
No creía que mi equipo hubiera perdido el partido.

위와 같은 차이점은 다음의 문장들이 문법성에서 차이를 보이는 이유를 설명해 준다.

Le pedí que me llamara. (o)
Le pedí que me hubiera llamado. (x)

Mis padres me prohibieron que saliera con Marta. (o)
Mis padres me prohibieron que hubiera salido con Marta. (x)

즉, 주절동사 pedir, prohibir는 먼저 이루어진 행위를 요구(pedir)하거나 금지(prohibir)할 수 없으므로 종속절에 접속법 과거완료 시제를 허용하지 않는다.

20.3. 접속법 단순미래와 미래완료

접속법 단순미래(hablare)와 미래완료(hubiere hablado)는 일부 전문분야에서만 쓰이고 일반적으로는 각각 접속법 현재와 현재완료로 대체된다. 직설법에서와 마찬가지로 현재시제가 미래의 의미로도 쓰이기 때문이다.

Les aconseja que volvieren(= vuelvan) pronto a su casa cuanto antes.
No creemos que ellos lo hicieren(= hagan) mejor que nosotros.
El profesor espera que los alumnos hubieren terminado(= hayan terminado) la tarea antes de ir a la clase.
Le presionan para que hubiere vuelto(= haya vuelto) a la mesa de negociaciones hasta el próximo lunes.
No creo que lo hubiereis solucionado(= hayáis solucionado) hasta las 5.

‖ 연습문제 ‖

1. 괄호 안의 동사를 문맥에 맞게 접속법 현재완료나 과거완료 형으로 쓰시오.

❶ Yo no creía que ellos __________(gastar) tanto dinero en aquel viaje.

❷ Si yo __________(ir) contigo, no habría tenido ningún problema.

❸ Espero que tú me __________(arreglar) el coche hasta mañana.

❹ Me alegro de que Pedro ya __________(marcharse).

❺ Si me hubiera tocado la lotería, yo __________(comprar) una casa muy lujosa.

❻ Sentí que Clemente lo __________(hacer) ya cuando llegué.

❼ Juan se comportó como si __________(ser) un rey.

❽ Me alegré de que Pedro __________(elegir) como presidente por el comité.

❾ Le dolía la cabeza, no porque __________(beber), sino porque estaba enfermo.

❿ Su ex-novia estaba extrañada de que la __________(invitar) a la boda.

⓫ No es obvio que ellos __________(trabajar) demasiado porque están cansados.

⓬ Ella habla como si __________(dejar) de fumar.

⓭ Al hijo de Ana le molestó que ellos lo __________(obligar) a vivir en la ciudad.

⓮ Fue muy triste que ya __________(fallecer) la tía de Miguel.

⓯ Me pone nervioso que todavía no __________(contestar) a mis cartas.

⑯ Necesito tu ayuda para que ___________(terminar) la tarea para el lunes.

⑰ No comprendía que Ana ya _________(enamorarse) de ese señor.

⑱ Actuó como si no _________(oír) el ruido.

⑲ Si hubiera nacido en otro país, me _________(gustar) nacer en España.

⑳ Me sorprende que Ud. _________(vivir) aquí toda la vida con una mujer como Pepa.

2. 문법적으로 틀렸거나 어색한 부분을 바르게 고치시오.

❶ Si yo hubiera estado libre ayer, pasaría por tu despacho.

❷ No creía que el Presidente lo haya nombrado ministro de Cultura.

❸ Me sorprendió que ellos ya terminaron ese trabajo antes del mediodía.

❹ Era muy dudoso que ya lo hagas todo perfectamente.

❺ Si yo estuviera en tu lugar en aquel entonces, lo habría hecho de otra manera.

❻ Dejaron la casa como si pasara un tornado.

❼ Ella habla como si viviera en Madrid antes.

❽ Si yo hubiera leído ese libro, haya contestado a tu pregunta.

❾ No creía que ella asistió al último banquete.

❿ A Juan le encantaba que sus hijos han elegido un menú tan barato.

3. 괄호안에 제시된 두 동사형 중 문장에 보다 적합한 형태를 선택하시오.

❶ Le prohibieron que (viajara / hubiera viajado) por toda la Europa.

❷ Me siento mejor como si (durmiera / hubiera dormido) veinte horas.

❸ Me molesta que Juan se (haya / hubiera) portado mal con nosotros.

❹ Me alegraba de que me lo (haya / hubiera) avisado antes del mitin.

❺ Me dijeron que (estudiara / hubiera estudiado) español con paciencia.

❻ Si (tuvieras / hubieras tenido) alguna oportunidad, lo hubieras hecho de manera genial y elegante.

❼ Es probable que todos (hayan / hubieran) llegado tarde.

❽ Ellos (hayan / hubieran) hablado con el director antes de dejar el trabajo.

❾ Si se (hubiese / haya) enfadado con ella, no la habría llevado a su casa.

❿ Si yo hubiese estado libre, te (hubiera / hubiese) ayudado.

해답

제 1 과

2.

❶ la canción
❷ la tía
❸ el jueves
❹ el sábado
❺ el hambre
❻ el autobús
❼ el lápiz
❽ el cumpleaños
❾ el inglés
❿ el corazón
⓫ el bebé
⓬ el fútbol

3.

❶ el / un
❷ el / un
❸ el / un
❹ el / un
❺ la / una
❻ la / una
❼ la / una
❽ la / una
❾ el / un
❿ la / una
⓫ la / una
⓬ la / una
⓭ la / una
⓮ la / una
⓯ el / un
⓰ el / un

4.

❶ las emperatrices
❷ las voces
❸ las mamás
❹ los bambús / los bambúes
❺ los papeles
❻ los jóvenes
❼ ustedes
❽ los lunes
❾ las ciudades
❿ las águilas
⓫ los profesores
⓬ los franceses
⓭ las habitaciones
⓮ las aguas

5.

❶ antiguo
❷ Bolivia
❸ diccionario
❹ examen
❺ existencia
❻ gracias
❼ lluvia
❽ paraguas
❾ reina
❿ tarea

6.

❶ carácter
❷ economía
❸ fotografía
❹ San José
❺ cafés
❻ sábado

7.

❶ blancos
❷ negra
❸ guapo
❹ rojos
❺ fuerte
❻ feliz
❼ difíciles
❽ inglesas
❾ grandes
❿ azules

제 2 과

1.

❶ soy
❷ están
❸ eres
❹ está
❺ está
❻ es
❼ es
❽ son
❾ es
❿ es, es
⓫ es
⓬ estoy
⓭ está, está
⓮ es
⓯ está
⓰ son
⓱ está, está
⓲ está, es
⓳ es
⓴ es, es

2.

❶ aquellos
❷ Esta
❸ Aquellas
❹ Esta
❺ ese
❻ Ese
❼ Estos
❽ aquella
❾ esos
❿ Aquella

3.

❶ ama
❷ andan
❸ bajas
❹ busco
❺ cantamos
❻ compráis
❼ desea
❽ entran
❾ estudiáis
❿ llama
⓫ llega
⓬ odiamos
⓭ absorbe
⓮ corren
⓯ lee
⓰ abre
⓱ escribe
⓲ describe
⓳ repartimos
⓴ suben

제 3 과

1.

❶ 필요 없음
❷ a
❸ 필요 없음
❹ de
❺ a
❻ a
❼ de
❽ a
❾ a
❿ 필요 없음
⓫ 필요 없음
⓬ 필요 없음
⓭ de
⓮ a
⓯ a

2.

❶ dais
❷ da
❸ dan
❹ vas
❺ voy
❻ vais
❼ Puedo
❽ puedes
❾ pensamos
❿ piensan
⓫ Queréis
⓬ Quieres
⓭ sé
⓮ sabemos
⓯ tengo
⓰ tenéis
⓱ vengo
⓲ vienen
⓳ ven
⓴ Veis

3.

❶ Sabe → Conoce, sé → conozco.
❷ Sabes → Conoces
❸ conozco → sé
❹ Conozco → Sé
❺ Conoces → Sabes
❻ dices → hablas, entiendo bien a ti → te entiendo bien (a ti).
❼ sabemos a hablar → sabemos hablar
❽ queréis a hablarme → queréis decirme
❾ Te hablo → Te digo, quiere a ti → te quiere (a ti).
❿ lo 삭제
⓫ me van a darlo → me lo van a dar (a mí). 또는 van a dármelo (a mí).
⓬ Le lo aviso → Se lo aviso
⓭ sinmigo → sin mí
⓮ entre ti y mí → entre tú y yo.
⓯ excepto ti → excepto tú
⓰ mis → las
⓱ se levanta → levanta
⓲ le → me, sí mismo → mí mismo
⓳ casa → se casa
⓴ Alguno → Algún

제 4 과

1.

❶ tres mil novecientos cincuenta y dos
❷ seis mil ochenta y uno
❸ cinco mil doscientos noventa y seis
❹ diecinueve mil quinientos setenta y dos
❺ treinta y ocho mil doscientos diecinueve
❻ cincuenta y seis mil novecientos treinta y ocho
❼ ochocientos veintisiete mil trescientos sesenta y cinco
❽ dos millones seiscientos treinta y nueve mil veintiocho
❾ tres millones setecientos ochenta y cuatro mil doscientos diez
❿ diecinueve millones seiscientos veintiocho mil ochocientos cuarenta y dos
⓫ cuatrocientos ochenta y cinco millones dieciocho mil quinientos noventa y tres
⓬ dos billones quinientos treinta y nueve mil seiscientos once millones doscientos sesenta y cuatro mil setenta y dos

2.

❶ cero dos cincuenta y tres veinticuatro cero seis diez
cero cincuenta y dos cuatro sesenta y tres veintisiete ochenta y nueve
cero cuarenta y uno cinco setenta y dos treinta y tres veinticinco
nueve quince uno noventa y cinco cinco ochenta y tres
noventa y uno cuatro cincuenta y dos cero cuatro cero cero
treinta y cuatro nueve veintitrés dos noventa y cuatro cuatro cero cero
❷ Calle cinco de Febrero, Número seiscientos veintinueve, Departamento ciento dos, Colonia Álamos, Código Postal cero treinta y cuatro cero cero, Distrito Federal, México.
❸ Plaza Arriba España, tres, veintiocho cero cero dos, Madrid.
❹ Calle Misiones, ciento veintidós, Código Postal diez ochenta y tres, Capital Federal, Buenos Aires

3.

❶ están, Están
❷ Hay, hay
❸ haber
❹ está, Está
❺ hay
❻ hay
❼ hay
❽ está
❾ hay
❿ está
⓫ están
⓬ hay
⓭ Está
⓮ Está
⓯ hay
⓰ estar
⓱ hay
⓲ Hay
⓳ hay
⓴ están

4.

❶ a las diez de esta noche → a las diez esta noche.
❷ mañana de la tarde → mañana por la tarde.
❸ veintiunas → veintiuna
❹ Es → Son
❺ millones → millones de
❻ un mil doscientos → mil doscientos
❼ Trescientas miles → Trescientas mil
❽ nuevecientos → novecientas
❾ hace muy caliente → hace mucho calor.
❿ Hace → Hay
⓫ un mil → mil
⓬ La cuatro lección → La cuarta lección 또는 La lección cuatro
⓭ uno → primero.
⓮ mucha hora → mucho tiempo
⓯ dos → segundo
⓰ segundos → dos
⓱ muy → mucho
⓲ de la una a las seis → de una a seis 또는 desde la una hasta las seis.
⓳ estar → haber
⓴ ciento → cien

제 5 과

1.

❶ 필요 없음
❷ el
❸ 필요 없음
❹ 필요 없음
❺ 필요 없음
❻ 필요 없음
❼ 필요 없음
❽ 필요 없음
❾ el
❿ el

2.

❶ Qué
❷ Qué
❸ qué
❹ Quiénes
❺ Cuánto
❻ Cuál
❼ qué
❽ dónde
❾ qué
❿ Cuál

3.

❶ el sábado → sábado
❷ fecha → día
❸ el diciembre → diciembre.
❹ en este domingo → este domingo
❺ El mayo → Mayo
❻ en → a
❼ en año → el año
❽ Cuál → Qué
❾ A qué → En qué
❿ en el próximo sábado → el próximo sábado.
⓫ Qué → Cuántos
⓬ e → y
⓭ Qué → Cuál
⓮ se parece → parece
⓯ gusta → gustas

⑯ cristal e hierro → cristal y hierro
⑰ hacen → hace
⑱ A vosotros queda → A vosotros os queda 또는 Os queda
⑲ A María y Isabel → A María e Isabel
⑳ siete o ocho → siete u ocho

제 6 과

1.

❶ que 또는 al que
❷ en (la) que 또는 para la que
❸ quien 또는 que
❹ quienes
❺ que
❻ al que 또는 a quien
❼ de la que 또는 de quien
❽ al que
❾ Quien
❿ que
⓫ de la que 또는 de quien
⓬ que
⓭ en (la) que
⓮ de/con los que 또는 de/con quienes
⓯ (al) que 또는 a quien

2.

❶ hace
❷ hago
❸ Hace
❹ ponéis
❺ me pongo
❻ pones, pongo
❼ ponen
❽ salimos
❾ salgo
❿ jugáis
⓫ juega
⓬ pedimos
⓭ pides
⓮ almuerzan
⓯ acuerda
⓰ cuelga
⓱ cuentan
⓲ suelo
⓳ impide
⓴ repite

3.

❶ pienso a ir → pienso ir 또는 pienso en ir
❷ empieza leer → empieza a leer
❸ hacer el fútbol → jugar al fútbol
❹ vuelven cantar → vuelven a cantar
❺ quien → que
❻ con que → que
❼ que → con el que
❽ que → quien
❾ de que → en la que
❿ quien → que
⓫ quien → a la que 또는 a quien
⓬ en que → que
⓭ quien → que
⓮ por que → por el que
⓯ quien → que

4.

❶ salvadoreño
❷ portugués
❸ puertorriqueño (portorriqueño)
❹ boliviano
❺ ecuatoriano
❻ estadounidense
❼ nicaragüense
❽ asiático
❾ mexicano
❿ cubano
⓫ guatemalteco
⓬ inglés
⓭ venezolano
⓮ costarricense (costarriqueño)
⓯ hondureño
⓰ iraquí
⓱ panameño
⓲ europeo
⓳ peruano
⓴ uruguayo

제 7 과

1.

❶ acabado
❷ comido
❸ tomando
❹ viendo
❺ roto
❻ abierta
❼ comiendo, almorzando
❽ haciendo, escribiendo
❾ reservada
❿ ocupado
⓫ siendo
⓬ escuchando
⓭ estudiando
⓮ electo
⓯ satisfechos
⓰ preocupadas
⓱ vestida
⓲ puesta
⓳ preparada
⓴ pensado

2.

❶ más que → más de
❷ rotundo → rotunda
❸ muy → mucha
❹ buena → bien
❺ despaciamente → despacio
❻ hablando → hablado
❼ con temprano → temprano
❽ perdiendo → perdido
❾ cansando → cansado
❿ abriendo → abierta
⓫ asando → asadas.
⓬ tapados → tapado
⓭ dejada → dejado
⓮ resuelto → resueltos
⓯ crecida → creciendo
⓰ estudiados → estudiando
⓱ cantados → cantando
⓲ por → a
⓳ mucho → muy
⓴ mañana → la mañana

제 8 과

1.

❶ esto
❷ el suyo
❸ este, el tuyo
❹ el tuyo
❺ estos
❻ Eso
❼ la de mis hermanos
❽ el mío
❾ vuestros
❿ lo tuyo
⓫ mío
⓬ Lo mío
⓭ suya
⓮ suyo
⓯ mío
⓰ tuya
⓱ tuyos
⓲ vuestras

2.

❶ que yo → a mí
❷ ampliosísima → amplísima
❸ menos → menores
❹ es → tiene
❺ ello → eso
❻ Unos mis amigos → Unos amigos míos
❼ menor → menos
❽ Muchos sus libros → Muchos libros suyos

⑨ peor → el peor
⑩ dulquísimo → dulcísimo.
⑪ ¿Tú desvives por ella? → ¿Tú te desvives por ella?
⑫ este → esto
⑬ cada el domingo → cada domingo
⑭ ¿De quién ropa es esta? → ¿De quién es esta ropa?
⑮ de mía → mía.
⑯ de → que
⑰ los todos → todos los
⑱ toda → cada 또는 todos los
⑲ herida → heridos
⑳ muy → mucho

제 9 과

1.

❶ Roberto y Susana se miran uno a otro.
❷ Tu amigo y tú os escribís mutuamente.
❸ El profesor y yo nos conocemos mutuamente.
❹ Antonio y el perro se observan el uno al otro.
❺ Mi novio y yo nos entendemos.
❻ Allí está la casa (en) donde vivo yo.
❼ El restaurante adonde quiero ir está muy lejos.
❽ He comprado los libros en la librería en donde trabaja un amigo mío.
❾ Hoy es el día de los niños cuando los niños quieren recibir regalos.
❿ Ya es la hora cuando debemos preparar el examen.

2.

❶ lo
❷ lo
❸ se
❹ lo
❺ lo
❻ Lo
❼ como
❽ lo
❾ = ¡Cuán valiente es!
= ¡Lo valiente que es!
❿ = ¡Qué hermosa es esta rosa!
= ¡Lo hermosa que es esta rosa!

3.

❶ atrae
❷ traemos
❸ concluye
❹ construye
❺ destruye
❻ disminuye
❼ influye
❽ sustituye
❾ acentúa
❿ evacúan

4.

❶ que → donde
❷ combaten → se combaten
❸ Cuánta → Cuán 또는 Qué
❹ la → lo
❺ Lo siento mucho lo de ayer. → Siento mucho lo de ayer.
❻ importa → importan
❼ donde → como
❽ cuán → cuánta
❾ la → lo
❿ lo → las

제 10 과

1.

❶ quisimos
❷ se quitó
❸ sintió
❹ habéis creído
❺ trajo
❻ dormí
❼ dieron
❽ Han leído
❾ caíste
❿ quisiteis
⓫ ocurrió
⓬ pasé
⓭ murió
⓮ dijo
⓯ he leído
⓰ partió
⓱ han cambiado
⓲ estalló, murieron
⓳ hubo escuchado 또는 escuchó, huyó
⓴ he echado
㉑ Fue
㉒ vi

2.

1. pedí
2. siguieron
3. servisteis
4. proveyó
5. concluyeron
6. oyó
7. anduve
8. cupieron
9. dijimos
10. estuvisteis
11. concluyó
12. hicieron
13. supimos
14. tuvieron
15. visteis

제 11 과

1.

1. habían comido
2. tenía
3. rompió, leía
4. éramos
5. estábamos
6. era, iba
7. estaba, hubo
8. estábamos, ocurrió
9. llamabas
10. jugábamos
11. estaba, hablaba
12. salía
13. robó, estábamos
14. andaba
15. habías almorzado
16. regresaba
17. era, tenía
18. íbamos
19. quería
20. había empezado

2.

1. partía → partió
2. Compraba → Compré
3. alguna cosa → cosa alguna 또는 ninguna cosa
4. acostaba → acosté
5. estuvo → estaba
6. terminó → había terminado
7. ofrecen → ofrece
8. Todo el mundo 삭제(또는 se 삭제)
9. hablan → habla(또는 se 삭제)
10. algo → nada
11. Hay → No hay

⑫ Siquiera → Ni siquiera
⑬ Algunos → Algunos de
⑭ no 삭제
⑮ alguien → nadie
⑯ Visité → Visitaba
⑰ por → para
⑱ Nadie → Ninguno
⑲ un poco → un poco de
⑳ Alguien → Alguno

제 12 과

1.

❶ Los
❷ x
❸ la
❹ un/el
❺ el
❻ Los
❼ x
❽ x
❾ el
❿ x
⓫ x
⓬ x
⓭ x
⓮ el
⓯ x
⓰ x
⓱ x
⓲ x/el
⓳ el
⓴ el, x
㉑ x/una, un/el
㉒ la
㉓ x
㉔ las
㉕ x, x
㉖ la
㉗ el
㉘ El
㉙ el, las
㉚ los

2.

❶ un chino → chino
❷ la Defensa → Defensa
❸ Atlántico → el Atlántico
❹ del sueño → de sueño
❺ la, esa 둘 중 하나 삭제
❻ Un, mi 둘 중 하나 삭제
❼ El, dicho 둘 중 하나 삭제
❽ en el sábado → el sábado
❾ la facilidad → facilidad
❿ por, el 둘 중 하나 삭제
⓫ un libro alguno → algún libro
⓬ de tío → del tío
⓭ de África tropical
→ del África tropical
⓮ de México antiguo
→ del México antiguo
⓯ en el autobús → en autobús
⓰ En el invierno → En invierno
⓱ el par de → un par de
⓲ al gallego → a la gallega
⓳ Everest → el Everest
⓴ cara del niño → cara de niño

3.

[축소사]

❶ mochilita
❷ mesita
❸ mujercita
❹ pajarito
❺ ventanilla
❻ cortito

[증대사]

❶ librote
❷ chaquetón
❸ chuletón
❹ sillón
❺ cucharón
❻ platón

제 13 과

1.

❶ será, serán
❷ diré
❸ tendrá
❹ volverás
❺ habré acabado
❻ habrán llegado
❼ habré terminado
❽ habrán recibido
❾ saldrás
❿ habrá visto
⓫ confesarás
⓬ invitaremos
⓭ Será
⓮ habréis llegado
⓯ quedaremos

2.

❶ lo que 또는 lo cual
❷ El que 또는 Quien
❸ el que
❹ La que
❺ el que 또는 quien
❻ cuya
❼ cuanto 또는 (todo) lo que
❽ cuantos
❾ el que
❿ por lo que 또는 por lo cual
⓫ donde 또는 en el que
⓬ el que
⓭ cuyo
⓮ lo que
⓯ que

3.

❶ El que → Lo que
❷ lo que → el que
❸ Lo cual → Lo que
❹ el libro → un libro
❺ con que → con el que
❻ lo cual → lo que
❼ vea → ver
❽ que lo que → de lo que
❾ comprar → compré
❿ por lo que → por la que
⓫ 콤마 삭제
⓬ su → cuyo
⓭ el plato → un plato
⓮ el que → que
⓯ cuya → cuyo

제 14 과

1.

❶ podría
❷ visitaría
❸ obtendría
❹ sería
❺ podría
❻ habrían regresado
❼ estudiaría
❽ habría partido
❾ se duplicaría
❿ gustaría
⓫ habrían arreglado
⓬ habríamos podido
⓭ lucharíamos
⓮ Te habrías divertido
⓯ querría

2.

❶ haría
❷ pondría
❸ ayudaría
❹ diría
❺ recibiríais
❻ tendrías
❼ saldría
❽ sabría
❾ querría
❿ Podrías

3.

❶ viene → vendría 또는 venía
❷ habrán llegado → habrían llegado
❸ habrán conocido → habrían conocido
❹ Habrá → Habría
❺ haré → haría
❻ el quince capítulo → el capítulo quince
❼ el veinte siglo → el siglo veinte
❽ diecinueve → decimonoveno/decimonono
❾ será → sería
❿ segundo → medio 또는 un segundo → la mitad

4.

❶ Dos más siete son nueve.
❷ Nueve menos cinco son cuatro.
❸ Tres por cinco son quince.
❹ Cuatro dividido por dos son dos. 또는 Cuatro entre dos son dos.
❺ Dos tercios
❻ Tres y cuatro quintos
❼ Cero coma seis
❽ Doce coma dos
❾ vigésimo
❿ Cuadragésimo quinto
⓫ Centésimo primero
⓬ Ocho quinceavos 또는 Ocho quinceavas partes
⓭ Tres diecisieteavos 또는 Tres diecisieteavas partes
⓮ Cinco onceavos 또는 Cinco onceavas partes
⓯ Treinta y cinco punto veintisiete

제 15 과

1.

❶ vengas
❷ haga
❸ irá 또는 va a ir
❹ regresen
❺ tenemos
❻ podamos
❼ nieve
❽ llegue
❾ fumemos
❿ prepare
⓫ visite
⓬ avises
⓭ haga
⓮ digamos
⓯ sea 또는 es

2.

❶ olvidas → olvides
❷ esté → está
❸ vienes → vengas
❹ vayan → van
❺ puedas → puedes
❻ es → sea
❼ estudiamos → estudiemos
❽ fumas → fumes
❾ sale → salga
❿ gane → gana
⓫ sale → salga
⓬ llegamos → lleguemos
⓭ vuelve → vuelva
⓮ es → sea
⓯ estás → estés

3.

❶ Queremos que llueva mucho mañana.
❷ Juan me recomienda que asista a la reunión/
Juan me recomienda asistir a la reunión.
❸ Deseo entrar en esa universidad el año que viene.
❹ Nos aconseja que visitemos la oficina de Juan/
Nos aconseja visitar la oficina de Juan.
❺ Me gusta viajar en tren.
❻ Es necesario que lo intentéis de nuevo.
❼ Siento que tengas que hacer un viaje sola.
❽ María les manda a sus hijos que se acuesten pronto/
María les manda a sus hijos acostarse pronto.
❾ Me piden que me matricule en el curso de verano/
Me piden matricularme en el curso de verano.
❿ Prefieren que yo compruebe lo que ha dicho Ricardo.

제 16 과

1.

❶ fascine
❷ pueda
❸ baila
❹ florece/florezca
❺ nieva
❻ estudie
❼ vayas
❽ participé
❾ quiera
❿ empiece
⓫ nos esforcemos
⓬ entendieron
⓭ había conseguido
⓮ sea
⓯ llueva
⓰ estoy
⓱ piden
⓲ vayamos
⓳ sepa
⓴ escribe
㉑ ayudes
㉒ informen
㉓ nevó
㉔ decirle
㉕ termine

2.

❶ habla → hable
❷ encanten → encantan
❸ come → coma
❹ comprenda → comprendo
❺ empieza → empiece
❻ quieres → quieras
❼ come → coma
❽ será → sea
❾ le ocurrió → se le ocurrió
❿ ayuda → ayude
⓫ llueva → llueve
⓬ esté → estoy
⓭ venga → viene
⓮ digas → dices
⓯ repites → repitas
⓰ esté → estoy
⓱ indique → indicó 또는 había indicado
⓲ puede → pueda
⓳ equivocas → equivoques
⓴ quiera → quiero
㉑ ofrece → ofrezca
㉒ sales → salgas
㉓ tenga → tiene
㉔ importe → importa
㉕ vaya → voy

제 17 과

1.

❶ diciendo, dicho
❷ leyendo, leído
❸ teniendo, tenido
❹ durmiendo, dormido
❺ siguiendo, seguido
❻ muriendo, muerto
❼ viniendo, venido
❽ poniendo, puesto
❾ abriendo, abierto
❿ haciendo, hecho

2.

❶ Como creía que iba a llover, ~
❷ Aunque era muy inteligente, ~
❸ Si/Cuando trabajan juntos, ~
❹ Como la casa fue alquilada, ~
❺ Como están rotos los vínculos amistosos, ~
❻ Como el candidato fue detenido por la policía, ~
❼ Cuando el discurso fue leído por la señora Rosa, ~
❽ Cuando/Como desaparecieron las joyas, ~
❾ ~ cuando llegué a la oficina.
❿ Si lo oyen, se reirán todos.
⓫ Si haces un poco de deporte, ~
⓬ Aunque es muy buena persona, ~
⓭ Cuando sale el sol, ~
⓮ Si sigues las instrucciones, ~
⓯ El padre, aunque vio/veía a a sus hijos cansados, ~

3.

❶ Reparados → Reparada
❷ austando → asustado
❸ Seguidos → Siguiendo
❹ convocando → convocado
❺ Escuchada → Escuchando
❻ Queremos → No queremos
❼ y carne → ni carne
❽ también no → tampoco
❾ Intentado → Intentando
❿ Doblada → Doblando
⓫ sentándose → sentada
⓬ también → tampoco

⑬ Me callo → Ni/No me callo
⑭ entrada → entrando 또는 entrar
⑮ no voy → voy

제 18 과

1.

❶ Compra, No la compres
❷ Decidme, No me lo digáis
❸ Explique, No la explique
❹ Mándame, No me lo mandes
❺ Empezad, No lo empecéis
❻ Cállate, No te calles
❼ Dúchense, No se duchen ahora mismo
❽ Tomemos, No lo tomemos
❾ Abre, No la abras
❿ Cierren, No las cierren
⓫ Lee, No lo leas
⓬ Saquemos, No las saquemos
⓭ Haz, No la hagas
⓮ Comed, No la comáis
⓯ Vea, No la vea más
⓰ Paraos, No os paréis aquí
⓱ Levantémonos, No nos levantemos
⓲ Siéntate, No te sientes aquí
⓳ Ten, No la tengas
⓴ Váyase, No se vaya de aquí

2.

❶ Volvedos → Volveos
❷ Hace → Haz
❸ ponete → ponte
❹ vas → vayas
❺ Levantámonos → Levantémonos
❻ Dígame → Dime
❼ es → seas
❽ decid → digáis
❾ sed → seáis
❿ pónselo → póngaselo

3.

❶ guadalajarense
❷ seulense(seulita)
❸ salmantino
❹ barcelonés
❺ porteño(bonaerense)
❻ cordobés
❼ asunceno(asunceño)
❽ chilango
❾ vallisoletano
❿ caraqueño
⓫ londinense
⓬ bogotano
⓭ paceño
⓮ madrileño
⓯ limeño
⓰ habanero
⓱ malagueño
⓲ parisino(parisiense)
⓳ neoyorquino
⓴ cuzqueño

제 19 과

1.

❶ comprara
❷ probara/probé
❸ diera
❹ te fueras
❺ dijera
❻ trajera
❼ era, pidiera
❽ viniera
❾ te criaras
❿ leyeras
⓫ terminara
⓬ rompieran/rompan
⓭ fuera
⓮ pudieran
⓯ avisara
⓰ confesara
⓱ vierais
⓲ Quisiera
⓳ hiciera
⓴ devolviera

2.

❶ Estaba seguro
→ No estaba seguro
❷ traiga → trajera
❸ tenía → tuviera
❹ levanté → levantara
❺ manejemos → manejáramos
❻ volvías → volvieras
❼ podría → pudiera
❽ llegaste → llegaras
❾ lloviera → llovía
❿ durmiera → durmió
⓫ explicaron → explicaran
⓬ gustaría → gustara
⓭ entendió → entendiera
⓮ estaba → estuviera
⓯ cayera → cayó

3.

❶ actuara
❷ ofrecieran
❸ había
❹ era/fue
❺ estuvieran
❻ podían
❼ fueras
❽ terminara, terminó
❾ vino
❿ empezara

제 20 과

1.

❶ hubieran gastado
❷ hubiera ido
❸ hayas arreglado
❹ se haya marchado
❺ hubiera comprado
❻ hubiera hecho
❼ hubiera sido
❽ hubiera sido elegido
❾ hubiera bebido
❿ hubiera(n) invitado
⓫ hayan trabajado
⓬ hubiera dejado
⓭ hubieran obligado
⓮ hubiera fallecido
⓯ haya(n) contestado
⓰ haya terminado
⓱ se hubiera enamorado
⓲ hubiera oído
⓳ hubiera gustado
⓴ haya vivido

2.

❶ pasaría → habría pasado / hubiera pasado
❷ haya nombrado → hubiera nombrado/nombrara
❸ terminaron → hubieran terminado
❹ hagas → hubieras hecho
❺ estuviera → hubiera estado
❻ pasara → hubiera pasado
❼ viviera → hubiera vivido
❽ haya contestado → habría contestado/hubiera contestado
❾ asistió → hubiera asistido/asistiera
❿ han elegido → hubieran elegido

3.

❶ viajara
❷ hubiera dormido
❸ haya
❹ hubiera
❺ estudiara
❻ hubieras tenido
❼ hayan
❽ hubieran
❾ hubiese
❿ hubiera

부 록

1. 세계의 국명(자치령)과 형용사

1.1. 아시아

Asia ‖ asiático,-a
Afganistán ‖ afgano,-a
Arabia Saudita(o Saudí) ‖ saudí/saudita[언어 árabe]
Armenia ‖ armenio,-a
Azerbaiyán ‖ azerbaiyano,-a
Bahréin ‖ bahreiní
Bangladesh ‖ bangladesí
Brunéi ‖ bruneano,-a
Burundi ‖ burundés,-sa
Bután ‖ butanés,-sa
Camboya ‖ camboyano,-a
China ‖ chino,-a
Cisjordania y Franja de Gaza[Palestina] ‖ palestino,-a
Corea ‖ coreano,-a
Corea del Norte ‖ norcoreano,-a
Corea del Sur ‖ surcoreano,-a
Emiratos Árabes Unidos ‖ emiratounidense
(las) Filipinas ‖ filipino,-a

Georgia ‖ georgiano,-a

India ‖ indio,-a

Indonesia ‖ indonesio,-a

Irán ‖ iraní

Irak ‖ iraquí

Israel ‖ israelí

Japón ‖ japonés,-sa

Jordania ‖ jordano,-a

Kazajistán ‖ kazajo,-a

Kirguistán ‖ kirguís(o kirguiso,-a)

Kuwait ‖ kuwaití

Laos ‖ laosiano,-a

Líbano ‖ libanés,-sa

Malasia ‖ malasio,-a[언어 malayo]

Maldivas ‖ maldivo,-a

Mongolia ‖ mongol,-la

Myanmar ‖ myanma(o de Myanmar)

Nepal ‖ nepalés,-sa(o nepalí)

Omán ‖ omaní

Pakistán ‖ pakistaní

Qatar ‖ qatarí

Singapur ‖ singapurense

Siria ‖ sirio,-a

Sri Lanka ‖ esrilanqués,-sa(o ceilandés,-sa)

Tailandia ‖ tailandés,-sa

Taiwán ‖ taiwanés,-sa

Tayikistán ‖ tayiko,-a

Timor Oriental ‖ timorense

Turkmenistán ‖ turcomano,-a

Uzbekistán ‖ uzbeko,-a
Vietnam ‖ vietnamita
Yemen ‖ yemení

Hong Kong ‖ hongkonés,-sa[중국령]
Macao ‖ macaense[중국령]

1.2. 아메리카

América del Norte ‖ norteamericano,-a
América Central ‖ centroamericano,-a
América del Sur ‖ sudamericano,-a
Argentina ‖ argentino,-a
Belice ‖ beliceño,-a
Bolivia ‖ boliviano,-a
Brasil ‖ brasileño,-a
Canadá ‖ canadiense
Chile ‖ chileno,-a
Colombia ‖ colombiano,-a
Costa Rica ‖ costarricense
Cuba ‖ cubano,-a
Ecuador ‖ ecuatoriano,-a
El Salvador ‖ salvadoreño,-a
(los) Estados Unidos de América ‖ estadounidense(o norteamericano,-a)
Guatemala ‖ guatemalteco,-a
Guyana ‖ guyanés,-sa
Honduras ‖ hondureño,-a
México ‖ mexicano,-a

Nicaragua ‖ nicaragüense
Panamá ‖ panameño,-a
Paraguay ‖ paraguayo,-a
Perú ‖ peruano,-a
Puerto Rico ‖ puertorriqueño,-a
Surinam ‖ surinamés,-sa
Uruguay ‖ uruguayo,-a
Venezuela ‖ venezolano,-a

Guayana Francesa ‖ guayanés,-sa [프랑스령]
Islas Malvinas ‖ malvinense [영국령]
Groenlandia ‖ groenlandés,-sa [덴마크령]

1.3. 카리브해

Caribe ‖ caribeño,-a
Las Antillas ‖ antillano,-a
Antigua y Barbuda ‖ antiguano,-a
Bahamas ‖ bahameño,-a
Barbados ‖ barbadense
Cuba ‖ cubano,-a
Dominica ‖ dominiqués,-sa
Granada ‖ granadino,-a
Haití ‖ haitiano,-a
Jamaica ‖ jamaiquino,-a(o jamaicano,-a)
República Dominicana ‖ dominicano,-a
San Cristóbal y Nieves ‖ sancristobaleño,-a
San Vicente y las Granadinas ‖ sanvicentino,-a

Santa Lucía ‖ santalucense

Trinidad y Tobago ‖ de Trinidad y Tobago

Anguila ‖ anguilense [영국령]

Antillas Holandesas ‖ antillano,-a [네덜란드령]

Aruba ‖ arubeño,-a [네덜란드령]

Bermudas ‖ bermudeño,-a [영국령]

Guadalupe ‖ guadalupeño,-a [프랑스령]

Islas Caimán ‖ caimanés,-sa [영국령]

Islas Turcas y Caicos ‖ turcocaiconés, -sa [영국령]

Islas Vírgenes Británicas ‖ virgenense británico,-a [영국령]

Martinica ‖ martiniqueño,-a [프랑스령]

Montserrat ‖ montserratense [영국령]

1.4. 유럽

Europa ‖ europeo,-a

Albania ‖ albanés,-sa

Alemania ‖ alemán,-na

Andorra ‖ andorrano,-a

Austria ‖ austríaco,-a

Belarús ‖ belaruso,-a

Bélgica ‖ belga

Bosnia-Herzegovina ‖ bosnioherzegovino,-a

Bulgaria ‖ búlgaro,-a

Chipre ‖ chipriota

Croacia ‖ croata

Dinamarca ‖ danés,-sa

Eslovaquia ‖ eslovaco,-a

Eslovenia ‖ esloveno,-a
España ‖ español,-la
Estonia ‖ estinio,-a
Finlandia ‖ finlandés,-sa
Francia ‖ francés,-sa
Aquitania ‖ aquitano,-a
Galia ‖ galo,-a
Gascuña ‖ gascón,-na (o gasconés,-sa)
Provincia ‖ provinciano,-a
Gran Bretaña ‖ británico,-a
[Reino Unido ‖ británico]
Escocia ‖ escocés,-sa
Gales ‖ galés,-a
Inglaterra ‖ inglés,-sa
Irlanda del Norte ‖ norirlandés,-a
Grecia ‖ griego,-a
Holanda ‖ holandés,-sa
Hungría ‖ húngaro,-a
Irlanda ‖ irlandés,-sa
Islandia ‖ islandés,-sa
Italia ‖ italiano,-a
Latvia ‖ latvio,-a
Letonia ‖ letón,-na
Liechtenstein ‖ liechtensteiniano,-a
Lituania ‖ lituano,-a
Luxemburgo ‖ luxemburgués,-sa
Malta ‖ maltés,-sa
Macedonia ‖ macedonio,-a
Moldova (o Moldavia) ‖ moldavo,-a

Mónaco ‖ monegasco,-a

Noruega ‖ noruego,-a

Polonia ‖ polaco,-a

Portugal ‖ portugués,-sa

República Checa [Chequia] ‖ checo,-a

Rumania ‖ rumano,-a

Rusia ‖ ruso,-a

San Marino ‖ sanmarinense

Serbia y Montenegro ‖ serbomontenegrino,-a[serbio+montenegrino,-a]

Suecia ‖ sueco,-a

Suiza ‖ suizo,-a

Turquía ‖ turco,-a

Ucrania ‖ ucraniano,-a (o ucranio,-a)

Vaticano ‖ vaticano,-a

Gibraltar ‖ gibralteño,-a [영국령]

1.5. 아프리카

África ‖ africano,-a

Angola ‖ angoleño,-a

Argelia ‖ argelino,-a

Benín ‖ beninés,-sa

Botsuana ‖ botsuano,-a

Burkina Faso ‖ burkinés,-sa

Burundi ‖ burundés,-sa

Cabo Verde ‖ caboverdiano,-a

Camerún ‖ camerunés,-sa

Chad ‖ chadiano,-a

Comoras ‖ comorano, -a(o comorense)

Costa de Marfil ‖ marfileño,-a

Yibuti ‖ yibutiano,-a

Egipto ‖ egipcio,-a

Eritrea ‖ eritreo,-a

Etiopía ‖ etíope

Gabón ‖ gabonés,-sa

Gambia ‖ gambiano,-a

Ghana ‖ ghanés,-sa

Guinea ‖ guineano,-a

Guinea-Bissau ‖ guineano,-a

Guinea Ecuatorial ‖ ecuatoguineano,-a

Kenia ‖ keniata/ keniano,-a

Lesoto ‖ lesotense

Liberia ‖ liberiano,-a

Libia ‖ libio,-a

Madagascar ‖ malgache

Malaui ‖ malauiano,-a (o malauí)

Malí ‖ malí (o maliense)

Marruecos ‖ marroquí

Mauricio ‖ mauriciano,-a

Mauritania ‖ mauritano,-a

Mozambique ‖ mozambiqueño,-a

Namibia ‖ namibio,-a

Níger ‖ nigerino,-a

Nigeria ‖ nigeriano,-a

República Centroafricana ‖ centroafricano,-a

República del Congo [Zaire] ‖ zaireño,-a

República Democrática del Congo[Congo] ‖ ongoleño,-a
Ruanda ‖ ruandés,-a
Sáhara Occidental ‖ saharaui
Santo Tomé y Príncipe ‖ santotomense
Senegal ‖ senegalés,-a
Seychelles ‖ seychellense
Sierra Leona ‖ sierraleonés,-sa
Somalia ‖ somalí
Sudáfrica ‖ sudafricano,-a
Sudán ‖ sudanés,-sa
Suazilandia ‖ suazi (o suazalandés,-sa)
Tanzania ‖ tanzano,-a
Togo ‖ togolés,-sa
Túnez ‖ tunecino,-a
Uganda ‖ ugandés,-sa
Zambia ‖ zambiano,-a
Zimbabue ‖ zimbabuense

Ceuta ‖ ceutí [스페인령]
Melilla ‖ melillense [스페인령]
Reunión ‖ reunionés,-sa [프랑스령]

1.6. 오세아니아

Polinesia ‖ polinesio,-a
Micronesia ‖ micronesio,-a
Melanesia ‖ melanesio,-a
Australia ‖ australiano,-a

Fiyi ‖ fiyiano,-a
Islas Marshall ‖ marshalés,-sa
Islas Salomón ‖ salomonense
Kiribati ‖ kiribatiano,-a
Micronesia ‖ micronesio,-a
Nauru ‖ nauruano,-a
Nueva Caledonia ‖ neocaledonio,-a
Nueva Zelanda ‖ neozelandés,-sa
Palaos ‖ palauano,-a
Papúa Nueva Guinea ‖ papú
Samoa ‖ samoano,-a
Tonga ‖ tongano,-a
Tuvalu ‖ tuvaluano,-a
Vanuatu ‖ vanuatense

Guam ‖ guameño,-a [미국령]
Hawai ‖ hawaiano,-a [미국령]
Isla de Pascua ‖ pascuense [칠레령]
Islas de Navidad ‖ de las ~ [호주령]
Islas Cocos ‖ de las ~ [호주령]
Islas Cook ‖ de las ~ [뉴질랜드령]
Polinesia Francesa ‖ polinesio,-a [프랑스령]

1.7. 남 · 북극

Antártida ‖ antártico,-a [남극대륙]
Polo ártico ‖ ártico,-a [북극점]

2. 각국의 주요 도시명과 형용사

2.1. 스페인

Alicante ‖ alicantino,-a
Aranjuez ‖ arancetano,-a
Ávila ‖ abulense
Barcelona ‖ barcelonés,-sa
Bilbao ‖ bilbaíno,-a
Burgos ‖ burgalés,-sa
Cádiz ‖ gaditano,-a
Córdoba ‖ cordobés,-sa
Cuenca ‖ conquense
Granada ‖ granadino,-a
Ibiza ‖ ibicenco,-a
La Coruña ‖ coruñés,-sa
Las Palmas ‖ palmero,-a
León ‖ leonés,-sa
Madrid ‖ madrileño,-a
Málaga ‖ malagueño,-a
Mallorca ‖ mallorquín,-na
Menorca ‖ menorquín,-na
Palencia ‖ palentino,-a
Pamplona ‖ pamplonés,-sa
Salamanca ‖ salmantino,-a
San Sebastián ‖ donostiarra
Santander ‖ santanderino,-a
Santiago de Compostela ‖ compostelano,-a

Segovia ‖ segoviano,-a

Sevilla ‖ sevillano,-a

Tenerife ‖ tinerfeño,-a (o chicharrero,-a)

Toledo ‖ toledano,-a

Valencia ‖ valenciano,-a

Valladolid ‖ vallisoletano,-a

Zaragoza ‖ zaragozano,-a

2.2. 기타 국가들

Acapulco (México) ‖ acapulqueño,-a

Amsterdam (Holanda) ‖ amsterdanés,-sa

Asunción (Paraguay) ‖ asunceno,-a (o asunceño,-a)

Atenas ‖ ateniense

Berlín ‖ berlinés,-sa

Bogotá ‖ bogotano,-a

Buenos Aires ‖ porteño,-a (o bonaerense)

Cali (Colombia) ‖ caleño,-a

Caracas ‖ caraqueño,-a

Colima (México) ‖ colimense

Cuzco ‖ cuzqueño,-a

Florencia ‖ florentino,-a

Génova ‖ genovés,-sa

Guadalajara(Méxco) ‖ guadalajarense

Guantánamo ‖ guantanamero,-a

la Ciudad de México ‖ chilango,-a

La Florida ‖ floridano,-a

La Habana ‖ habanero,-a

La Haya || hayense

La Paz || paceño,-a

Lima || limeño,-a

Lisboa || lisbonés,-sa (o lisboeta)

Londres || londinense

Los Ángeles || angelino,-a

Managua || managüense

Montevideo || montevideano,-a

Moscú || moscovita

Múnich || muniqués,-sa

Nápoles || napolitano,-a

Nueva York || neoyorquino,-a

Osaka || osaquense (o osaqueño,-a)

París || parisiense, parisino,-a

Pequín || pequinés,-sa

Praga || praguense

Roma || romano,-a

San Francisco || de ~

San José || josefino,-a

San Salvador || salvadoreño,-a

Santiago || santiaguino,-a

Santo Domingo || domingueño,-a

Seúl || seulense (o seulita)

Tegucigalpa || tegucigalpense

Tokio || tokiota

Venecia || veneciano,-a

Zúrich || zuriqués,-sa

California || californio,-a, californiano,-a

Florida ‖ floridano,-a

3. 스페인, 멕시코, 아르헨티나의 행정구역과 형용사

3.1. 스페인

[17개 자치주(Comunidades Autónomas)]
Madrid ‖ madrileño,-a
Castilla ‖ castellano,-a
Castilla y León [leonés,-sa]
Castilla la Mancha [manchego.-a]
Andalucía ‖ andaluz,-za
Aragón ‖ aragonés,-sa
Asturias ‖ asturiano,-a
Cantabria ‖ cántabro,-a
Cataluña ‖ catalán,-na
Extremadura ‖ extremeño,-a
Galicia ‖ gallego,-a
Islas Baleares ‖ balear,-ra
Islas Canarias ‖ canario,-a
La Rioja ‖ riojano,-a
Murcia ‖ murciano,-a
Navarra ‖ navarro,-a
País Vasco ‖ vasco,-a
Valencia ‖ valenciano,-a

[2개 자치시(ciudades autónomas)]
Ceuta ‖ ceutí
Melilla ‖ melillense

3.2. 멕시코

[1개 특별시(Distrito Federal)]
Ciudad de México ‖ chilango,-a

[31개 주(estados)]
Aguascalientes ‖ aguascalentense, hidrocálido,-a
Baja California Sur ‖ sudcaliforniano,-a
Baja California ‖ bajacaliforniano,-a
Campeche ‖ campechano,-a
Chiapas ‖ chiapaneco,-a
Chihuahua ‖ chihuahuense
Coahuila ‖ coahuilense
Colima ‖ colimense
Durango ‖ duranguense
Estado de México ‖ mexiquense
Guanajuato ‖ guanajuatense
Guerrero ‖ guerrerense
Hidalgo ‖ hidalguense
Jalisco ‖ jalisciense
Michoacán ‖ michoacano,-a
Morelos ‖ morelense
Nayarit ‖ nayarita
Nuevo León ‖ neoleonés,-sa

Oaxaca ‖ oaxaqueño,-a
Puebla ‖ poblano
Querétaro ‖ queretano,-a
Quintana Roo ‖ quintanarroense
San Luis Potosí ‖ potosino,-a
Sinaloa ‖ sinaloense
Sonora ‖ sonorense
Tabasco ‖ tabasqueño,-a
Tamaulipas ‖ tamaulipeco,-a
Tlaxcala ‖ tlaxcalteca
Veracruz ‖ veracruzano,-a
Yucatán ‖ yucateco,-a
Zacatecas ‖ zacatecano,-a

3.3. 아르헨티나

[1개 특별시(Distrito Federal)]
Buenos Aires ‖ porteño,-a (o bonaerense)

[22개 주(provincias)]
Buenos Aires ‖ porteño,-a (o bonaerense)
Catamarca ‖ catamarqueño,-a
Córdoba ‖ cordobés,-sa
Corrientes ‖ correntino,-a
Chaco ‖ chaqueño,-a
Chubut ‖ chubutense
Entre Ríos ‖ entrerriano,-a
Formosa ‖ formoseño,-a

Jujuy ‖ jujeño,-a

La Pampa ‖ pampeano,-a

La Rioja ‖ riojano,-a

Mendoza ‖ mendocino,-a

Misiones ‖ misionero,-a

Neuquén ‖ neuquino,-a

Río Negro ‖ rionegrino,-a

Salta ‖ salteño,-a

San Juan ‖ sanjuanino,-a

San Luis ‖ sanluiseño,-a

Santa Cruz ‖ santacruceño,-a

Santa Fe ‖ santafesino,-a

Santiago del Estero ‖ santiagueño,-a

Tucumán ‖ tucumano,-a

[1개 특별지역(territorio)]

Tierra del Fuego ‖ fueguino,-a

참고:

http://buscon.rae.es

http://estudiantes.elpais.es

http://www.europarl.eu.int

http://es.wikipedia.org

http://www.academia.org.mx

http://es.wikipedia.org

http://www.wordreference.com

http://es.wiktionary.org

스페인어 문법(개정판)

초　　판 발행 2007년 3월 10일
개정판 1쇄 발행 2011년 2월 20일
개정판 2쇄 발행 2011년 9월 20일
개정판 3쇄 발행 2013년 5월 10일
개정판 4쇄 발행 2016년 8월 24일
개정판 5쇄 발행 2020년 3월 25일

집필진 한국외국어대학교 스페인어통번역학과
발행인 김인철
총괄 · 기획 윤성우 Director, University Knowledge Press
편집장 신선호 Executive Knowledge Contents Creator
기획 · 물류 이현진 Planning Expert
사전 · 도서편집 정준희 Contents Creator
전자책 · 도서편집 장혜린 Contents Creator
도서편집 이병철 Contents Creator
이근영 Contents Creator
재무관리 하누리 Managing Creator
발행처 한국외국어대학교 지식출판콘텐츠원
02450 서울특별시 동대문구 이문로 107
전화 02) 2173-2493~7
FAX 02) 2173-3363
홈페이지 http://press.hufs.ac.kr
전자우편 press@hufs.ac.kr
출판등록 제6-6호(1969. 4. 30)
디자인 · 편집 ㈜이환디앤비 02) 2254-4301
인쇄 · 제본 네오프린텍㈜ 02) 718-3111

ISBN 978-89-7464-439-0 13770 정가 14,000원

* 잘못된 책은 교환하여 드립니다.

HU:iNE 은 한국외국어대학교 지식출판콘텐츠원의 어학도서, 사회과학도서, 지역학 도서 Sub Brand이다. 한국외대의 영문명인 HUFS, 현명한 국제전문가 양성(International+Intelligent)의 의미를 담고 있으며, 휴인(携引)의 뜻인 '이끌다, 끌고 나가다'라는 의미처럼 출판계를 이끄는 리더로서, 혁신의 이미지를 담고 있다.